Einführung in das Buch Ezechiel

Einführung in das Buch Ezechiel

Ezechiel lesen inmitten von Ruinen und Erneuerung

unter der Aufsicht von
Soo Kim Sweeney

Theologische Grundlagen

Library of Congress Cataloging-in-Publication Data
Bibliografische Katalogisierung der Library of
Congress

Soo Kim Sweeney (Ersteller).
[Introduction to the Book of Ezekiel: Reading Ezekiel in Ruins and
Renewal / Soo Kim Sweeney]
Einführung in das Buch Ezechiel: Ezechiel lesen inmitten von Ruinen und
Erneuerung / Soo Kim Sweeney
189 + xiii Seiten. cm. 12,7 x 20,32 (mit Bibliographie)
ISBN 979-8-89731-203-0 (Druckausgabe)
ISBN 979-8-89731-164-4 (Ebook)
ISBN 979-8-89731-204-7 (Kindle)
    1. Bibel. Ezechiel – Kritik, Auslegung usw.
    2. Bibel. Ezechiel – Theologie
    3. Bibel. Ezechiel – Studium und Lehre
BS1545.52 .S94 .x15 2025

*Dieses Buch ist in anderen Sprachen erhältlich unter
www.DTLPress.com*

Titelbild: "Die Strietwagenvision" des Ezechiel von Matthäus Merian
(1593–1650)

DTL

Inhalt

Teil II
Architektur und Stimme
31

Vorwort zur Reihe

Künstliche Intelligenz (KI) verändert alles, auch die theologische Wissenschaft und Lehre. Die Reihe „Theologische Grundlagen" soll das kreative Potenzial von KI in die theologische Ausbildung einbringen. Im traditionellen Modell verbrachte ein Wissenschaftler, der sowohl den wissenschaftlichen Diskurs beherrschte als auch erfolgreich im Unterricht tätig war, mehrere Monate – oder sogar Jahre – damit, einen Einführungstext zu schreiben, zu überarbeiten und neu zu schreiben. Dieser Text wurde dann an einen Verlag weitergeleitet, der ebenfalls Monate oder Jahre in die Produktion investierte. Obwohl das Endprodukt in der Regel recht vorhersehbar war, trieb dieser langsame und teure Prozess die Preise für Lehrbücher in die Höhe. Infolgedessen zahlten Studierende in Industrieländern mehr als nötig für die Bücher, und Studierende in Entwicklungsländern hatten meist keinen Zugang zu diesen (unerschwinglichen) Lehrbüchern, bis sie Jahrzehnte später als Ausschussware oder Spenden auftauchten. In früheren Generationen machte die Notwendigkeit der Qualitätssicherung – in Form von Inhaltserstellung, Expertenprüfung, Lektorat und Druckzeit – diesen langsamen, teuren und ausgrenzenden Ansatz möglicherweise unvermeidlich. KI verändert jedoch alles.

Diese Reihe ist ganz anders; sie wurde von KI erstellt. Der Einband jedes Bandes kennzeichnet das Werk als „unter Aufsicht" eines Experten auf dem jeweiligen Gebiet erstellt. Diese Person ist jedoch kein Autor im herkömmlichen Sinne. Der Autor jedes

Bandes wurde von den DTL-Mitarbeitern im Umgang mit KI geschult und nutzte KI, um den angezeigten Text zu erstellen, zu bearbeiten, zu überarbeiten und neu zu gestalten. Nachdem dieser Erstellungsprozess klar definiert ist, möchte ich nun die Ziele dieser Reihe erläutern.

Unsere Ziele

Glaubwürdigkeit: Obwohl KI in den letzten Jahren enorme Fortschritte gemacht hat und weiterhin macht, kann keine unbeaufsichtigte KI einen wirklich zuverlässigen oder glaubwürdigen Text auf Hochschul- oder Seminarniveau erstellen. Die Einschränkungen KI-generierter Inhalte liegen manchmal in den Inhalten selbst (möglicherweise ist das Trainingsset unzureichend), häufiger jedoch ist die Unzufriedenheit der Nutzer mit KI-generierten Inhalten auf menschliche Fehler zurückzuführen, die auf mangelhaftes Prompt-Engineering zurückzuführen sind. Der DTL-Verlag versucht, beide Probleme zu lösen, indem er etablierte Wissenschaftler mit anerkannter Expertise für die Erstellung von Büchern in ihren Fachgebieten engagiert und diese Wissenschaftler und Experten in KI-Prompt-Engineering ausbildet. Um es klarzustellen: Der Wissenschaftler, dessen Name auf dem Cover dieses Werks erscheint, hat diesen Band geschaffen – er hat das Werk erstellt, gelesen, überarbeitet, wiedergelesen und überarbeitet. Obwohl das Werk (in unterschiedlichem Maße) von KI erstellt wurde, erscheinen die Namen unserer wissenschaftlichen Autoren auf dem Cover als Garantie dafür, dass der Inhalt ebenso glaubwürdig ist wie jede Einführungsarbeit, die dieser Wissenschaftler/ Autor nach traditionellem Vorbild verfasst hätte.

Stabilität: KI ist generativ, d. h. die Antwort auf jede Eingabeaufforderung wird individuell für die jeweilige Anfrage generiert. Keine zwei KI-generierten

Antworten sind exakt gleich. Die unvermeidliche Variabilität der KI-Antworten stellt eine erhebliche pädagogische Herausforderung für Professoren und Studenten dar, die ihre Diskussionen und Analysen auf der Grundlage eines gemeinsamen Ideenfundaments beginnen möchten. Bildungseinrichtungen benötigen stabile Texte, um pädagogisches Chaos zu vermeiden. Diese Bücher bieten diesen stabilen Text, auf dessen Grundlage gelehrt, diskutiert und Ideen vermittelt werden können.

Erschwinglichkeit: Der DTL-Verlag ist der Ansicht verpflichtet, dass Erschwinglichkeit kein Hindernis für Wissen darstellen sollte. Alle Menschen haben gleichermaßen das Recht auf Wissen und Verständnis. Daher sind E-Book-Versionen aller DTL-Verlagsbücher kostenlos in den DTL-Bibliotheken und als gedruckte Bücher gegen eine geringe Gebühr erhältlich. Unseren Wissenschaftlern/Autoren gebührt Dank für ihre Bereitschaft, auf traditionelle Lizenzvereinbarungen zu verzichten. (Unsere Autoren erhalten für ihre kreative Arbeit eine Vergütung, jedoch keine Tantiemen im herkömmlichen Sinne.)

Zugänglichkeit: DTL Press möchte hochwertige und kostengünstige Einführungslehrbücher weltweit für alle zugänglich machen. Die Bücher dieser Reihe sind ab sofort in mehreren Sprachen erhältlich. Auf Anfrage erstellt DTL Press Übersetzungen in weitere Sprachen. Die Übersetzungen werden selbstverständlich mithilfe künstlicher Intelligenz erstellt.

Unsere anerkannten Grenzen

Einige Leser werden sich möglicherweise fragen: "Aber KI kann doch nur bestehende Forschung zusammenfassen – sie kann keine originelle, innovative Wissenschaft hervorbringen." Diese Kritik ist weitgehend berechtigt. KI ist im Wesentlichen darauf beschränkt, vorhandene Ideen zu aggregieren, zu organisieren und neu zu formulieren – auch wenn sie dies in einer Weise tun kann, die zur Beschleunigung und Verfeinerung der wissenschaftlichen Produktion beiträgt. Dennoch möchte DTL Press zwei wichtige Punkte hervorheben: Einführende Texte sind in der Regel nicht dazu gedacht, bahnbrechend originell zu sein, sondern bieten eine fundierte Einführung in ein Fachgebiet. DTL Press bietet weitere Buchreihen an, die sich der Veröffentlichung von origineller Wissenschaft mit traditionellen Autorenschaften widmen.

Unsere Einladung

DTL Press möchte die akademische Publikationslandschaft in der Theologie grundlegend umgestalten, um wissenschaftliche Forschung zugänglicher und erschwinglicher zu machen – und zwar auf zwei Wegen. Erstens streben wir an, Einführungstexte für alle theologischen Fachbereiche zu generieren, sodass Studierende weltweit nicht mehr gezwungen sind, teure Lehrbücher zu kaufen. Unser Ziel ist es, dass Dozierende überall auf der Welt ein oder mehrere Bücher aus dieser Reihe als Einführungslektüre in ihren Kursen nutzen können. Zweitens möchten wir traditionell verfasste wissenschaftliche Monografien im Open Access (kostenfrei zugänglich) veröffentlichen, um auch fortgeschrittenen wissenschaftlichen Lesern hochwertigen Inhalt bereitzustellen.

Schließlich ist DTL Press konfessionell ungebunden und veröffentlicht Werke aus allen Bereichen der Religionswissenschaft und Theologie. Traditionell verfasste Bücher durchlaufen ein Peer-Review-Verfahren, während die Erstellung KI-generierter Einführungswerke allen Wissenschaftlern mit entsprechender Fachkompetenz zur inhaltlichen Überwachung offensteht.

Falls Sie das Engagement von DTL Press für Glaubwürdigkeit, Erschwinglichkeit und Zugänglichkeit teilen, laden wir Sie herzlich ein, mit uns die Welt des theologischen Publizierens zu verändern – sei es durch die Mitarbeit an dieser Reihe oder an einer unserer traditionellen wissenschaftlichen Veröffentlichungen.

Mit hohen Erwartungen,
Thomas E. Phillips
Geschäftsführer von DTL Press
www.DTLPress.com
www.thedtl.org

Einführung
Ezechiel als Heilige Schrift, Zeuge und Herausforderung
Eine Einladung an den Leser

Dieses Buch ist nicht dazu gedacht, Ezechiel zu zähmen. Vielmehr lädt es diejenigen ein, die bereit sind, am Rande des Propheten zu verweilen, wo göttlich Gegenwart vibriert, wo Wörter innehalten und wo sich Theologie durch Gesten und Verletzlichkeit entfaltet. Dieser Band bietet keinen konventionellen Kommentar oder eine systematische Lehrdarstellung. Stattdessen lädt er dazu ein, sich mit Ezechiel durch literarische Aufmerksamkeit, theologische Tiefe, ethisches Bewusstsein und pastorale Ermutigung.

Wir lesen Ezechiel nicht nur, weil es herausfordernd ist, sondern auch, weil seine Schwierigkeit uns als Zeugnis dient. Das Buch lässt sich nicht leicht interpretieren; es widersetzt sich Vereinfachungen, entzieht sich klaren Kategorien und verlangt anhaltende Aufmerksamkeit. In seinem Schweigen, seinen Exzessen und Brüchen verwirrt Ezechiel, um zu enthüllen. Doch es bietet auch Belehrung. Das Buch betont Gottes Gegenwart inmitten des Zusammenbruchs, die Bürde des Propheten als Zeichen und die Berufung des Überrests, sich vorzustellen, was kommt nächste.

Ezechiel zu lesen, bedeutet daher, eine Transformation zu riskieren. Seine Metaphern verstören, sein Schweigen klagt an, und seine Visionen erschüttern, was wir über Gott und uns selbst zu wissen glaubten. Doch gerade in dieser Verwerfung liegt seine

1

theologische Brisanz. Das Buch Ezechiel ist nicht einfach eine Schriftrolle mit aufgeschobenen Reden; es ist ein prophetisch konstruiertes Design, gestaltet, um Bruch zu erinnern, Regression zu widerstehen und ethische Wiederherstellung.

Dieses Volumen durchquert drei miteinander verbundene Bögen. Teil ich legt rhetorische Strategien und theologische Verschiebungen der Schriftrolle fest. Teil II befasst sich mit ausgewählten Passagen, um Ezechiels innere Logik und externe Herausforderungen mit seiner Zusammensetzung, Metaphern und prophetisch Leistung. Teil III berücksichtigt die Ethische und homiletische Zukunftsvisionen, die sich aus dem Buch Ezechiel ergeben, nicht nur durch seinen Inhalt, sondern auch durch seine Konstruktion, die die Reflexion über Trauma, Erinnerung und Predigt anleiten. Auf diese Weise wird das Buch Ezechiel als eine dynamische Landschaft (textuell, räumlich und theologisch) betrachtet, in der Sprache und Schweigen schneiden zu abgrenzen die Möglichkeiten des Göttlich-Menschlichen Interaktion.

Ezechiel zu studieren, bedeutet also nicht nur, ein Prophet aus einer Distanz. Es ist zu sei gezogen hinein seine Umlaufbahn und vielleicht als Zeuge in unserer Zeit vorgeladen zu werden.

Teil I
Den Propheten und die Schriftrolle einrahmen

Das Buch Ezechiel beginnt nicht mit einer klaren prophetischen Äußerung, sondern mit einer aufrüttelnden Vision. Statt eine Rede zu halten, vertieft sich der Prophet in das, was er sieht. Ezechiel 1 bietet keinen sanften Einstieg in die prophetische Berufung; es konfrontiert uns mit einer überwältigenden Erfahrung göttlicher Gegenwart. Dieser Bruch dient nicht als Hindernis für die Interpretation, sondern als ihre schöpferische Kraft. Bedeutung entsteht bei Ezechiel nicht aus erzählerischer Klarheit, sondern aus affektiver und symbolischer Intensität.

Teil I dieses Bandes behandelt Desorientierung als prägende und nicht als hinderliche Erfahrung. Die Stille, Symbolik und Fülle in den ersten Kapiteln Ezechiels erfordern eine besondere Herangehensweise an die Lektüre, die Unsicherheit akzeptiert, anstatt nach einer sofortigen Lösung zu suchen. Theologische Spannungen sollten nicht als etwas betrachtet werden, das es zu überwinden gilt. sondern als erfahrbarer Raum. Hier ist Präsenz ist möglicherweise nicht beruhigend, und die Kommunikation kommt möglicherweise nicht immer an. Dieser Abschnitt lädt den Leser ein in eine Theologie der Unterbrechung.

Kapitel 1 legt den konzeptionellen Grundstein, indem es die Schriftrolle als performatives Objekt untersucht. Prophezeiungen werden bei Ezechiel nicht einfach verkündet; sie werden konsumiert, umgesetzt, verzögert und verkörpert. Göttliche Reden sind reichlich vorhanden, bleiben aber oft ungehört. Symbolisches Handeln ist lebendig, aber undurchsichtig. Ezechiels prophetische Identität formt sich in diesem Paradoxon von Klarheit und Zusammenbruch.

Kapitel 2 erweitert den Rahmen, indem es nachzeichnet, wie Ezechiel in verschiedenen Traditionen gelesen, abgelehnt und neu interpretiert wurde. Anstatt einen einzelnen Interpretationsrahmen zu bieten, präsentiert es eine vielstimmige Landschaft von jüdischer Mystik und christlicher Allegorie bis hin zu islamischen Bezügen und zeitgenössischen wissenschaftlichen Neubewertungen. Diese Begegnungen bilden eine Art Rezeptionsgeschichte, die sich einer Reduktion verweigert und theologische Demut erfordert.

Kapitel 3 führt eine pragmatisch-theologische Perspektive ein. Es untersucht, wie das Buch Ezechiel nicht nur als antikes Artefakt, sondern auch als kommunikativer Text fungiert, der Predigt, Lehre und gelebte Reflexion bis heute prägt. Indem es den Zusammenbruch der kommunikativen Ausrichtung zwischen Sender, Bote und Botschaft in den Vordergrund stellt, und Empfänger, das Kapitel schlägt vor das Ezechiel ist kein Beispiel für wirksame Verkündigung, sondern für die theologische Notwendigkeit einer verzögerten Übermittlung. Der Prophet wird nicht einfach zum Sprecher, sondern zum Ort göttlicher Unterbrechung.

Die drei Kapitel in Teil I bilden zusammen eine Grundlage, die von der Geschichte geprägt, in der Interpretation breit gefächert und theologisch fundiert ist. Ezechiel ist er wird nicht als Prophet klarer Botschaften dargestellt, sondern als eine Figur der Störung. Seine Rolle erfordert mehr als nur Verständnis;

4

sie erfordert Präsenz, Geduld und ethische Engagement.

Kapitel 1
Was Ezechiel fehlt, wovon Ezechiel im
Überfluss ist und warum das wichtig ist

Ezechiel zieht den Leser nicht mit lyrischer Schönheit oder prophetischer Nähe in seinen Bann. Das Buch beginnt vielmehr mit einem Bruch, mit einer überwältigenden Vision ohne unmittelbare Erklärung, einer göttlichen Präsenz, die die überwältigende Begründung für das Gericht verkörpert. Die frühen Erfahrungen des Propheten und seine Begegnungen mit hybriden Wesen, dem Firmament und dem göttlichen Wagen werden eher dicht als tröstlich dargestellt. Von Anfang an wird der Leser nicht mit Dialog, sondern mit Distanz konfrontiert; nicht mit Trost, sondern mit Komplexität. Dieses Kapitel untersucht, wie Ezechiels charakteristische prophetische Grammatik, die von Abwesenheit, Übermaß und Schweigen geprägt ist, eine Theologie der Entfremdung begründet. Was im Buch Ezechiel fehlt, ist ebenso bedeutsam wie das, was den Text überwältigt. Diese Dynamik gestaltet die göttlich-menschliche Kommunikation nicht als Klarheit, sondern als Konfrontation.

Was Ezechiel fehlt

Das Buch Ezechiel es fehlen insbesondere viele literarische und theologische Merkmale, die in anderen prophetischen Schriften zu finden sind. Es gibt kaum Klagen und Fürbitten und fast keinen gemeinschaftlichen Dialog. Anders als Mose oder Jeremia setzt sich der Prophet selten für das Volk ein. Ezechiels Schweigen ist nicht bloß erzählerische

Auslassung; es stellt theologische Unterbrechungen dar. Seine Rede wird verzögert (3,26), öffentliche Trauer ist verboten (24,17) und das Gebet wird zurückgehalten. Selbst wenn göttliche Rede ist, reichlich, es scheint oft performativ verschoben: Sie richteten sich an ein unerreichbares Publikum, wurden im Exil übermittelt und häufig ohne große Resonanz.

Noch auffälliger ist das Fehlen bestimmter Elemente: es gibt keine klaren Bitten um Vergebung, nein Kollektiv Geständnisse, nein froh Wiedervereinigung und keine wundersamen Eingriffe. Das dramatische Leben des Propheten wird zum einzigen Zeichen des göttlichen Eingreifens. Die öffentliche Trauer um seine verstorbene Frau wurde verboten (24:15–24), seine Taten werden nicht aufgezeichnet, und sein Publikum reagiert weitgehend nicht. Im Exil lebt Ezechiels Volk in einem Zustand der Zeitlosigkeit. Daten werden zwar aufgezeichnet, aber die Zeit wird nicht mehr gelebt. Die zyklischen Rhythmen heiliger Feste und jahreszeitlicher Riten sind verschwunden, sodass keine verkörperte Erfahrung von zeitlichem Fluss oder Erneuerung mehr existiert. Die präzise Zeitstempelung des Propheten liest sich daher weniger als ein liturgischer Kalender, sondern eher wie ein Überlebensritual, als ob Ezechiel, wie Robinson Crusoe, der nach einem Schiffbruch die Tage auf einer Insel markiert, der Auslöschung der Zeit widersteht, indem er sie in die Sandbänke des historischen Zusammenbruchs einschreibt.

Der performative Exzess bei Ezechiel bleibt unerfüllt und dramatisiert dadurch die Diskrepanz zwischen göttlicher Absicht und menschlichem Bewusstsein. Während die Schriftrolle verbraucht wird, bleibt ihr Inhalt unbestimmt. Wiederholte Refrains wie "sie werden wissen, dass ich JHWH bin" und zeitliche

Markierungen wie "an jenem Tag" (הַהוּא בַּיּוֹם) tauchen nicht als Versprechen, sondern als ungelöste Behauptungen auf. Der Leser wird mit einer Offenbarung konfrontiert, die zwar überwältigend ist, aber letztlich keine Klarheit schafft. Trotz zahlreicher göttlicher Befehle, die Ezechiel anweisen, Gerichtsbotschaften zu überbringen und symbolische Handlungen vorzunehmen, berichtet das Buch Ezechiel nur in drei Fällen (Kapitel 8–11, 12 und 24) explizit von tatsächlicher Kommunikation mit dem Volk. Dies verdeutlicht den auffallenden Mangel an direkten prophetischen Botschaften. Diese Mitteilungen erfolgen nicht als Anrufe für Buße aber als grimmig Prognosen von unmittelbar bevorstehend oder sich entfaltendes Unheil. Für das Publikum werden solche Botschaften als nachträgliche Warnungen wahrgenommen, die zu spät kommen, um eine wirksame Veränderung zu bewirken. Dieses Übermaß an symbolischen Texten führt die Gemeinde somit nicht zur Reue, sondern lässt sie in einem Zustand theologischer Ungewissheit zurück.

Diese Abwesenheit ist nicht einfach eine Leere; sie dient vielmehr als Rahmen, der den Fokus des Lesers von der rhetorischen Überzeugung auf die verkörperte Unterbrechung lenkt. Durch Indem der Text erwartete prophetische Gesten vorenthält, destabilisiert er theologische Annahmen, insbesondere jene, die mit Präsenz, Zugang und göttlicher Reaktionsfähigkeit verbunden sind. Ezechiel bewohnt kein kommunikatives Ökosystem; er durchquert dessen Überreste.

Wovon Ezechiel überfließt

Ohne offene Dialoge oder Bekenntnisse zeichnet sich das Buch Ezechiel durch eine tiefe symbolische

Dichte aus. Der Text ist voll von Visionen, Metaphern und performativen Befehlen, doch diese Elemente erfüllen oft nicht die Erwartungen traditioneller Erzählstrukturen. So erhält Ezechiel in Kapitel 4 die Anweisung, sich auf die Seite zu legen und unreine Nahrung zu sich zu nehmen. Die Erzählung enthält jedoch keine Aussage darüber, ob diese Handlungen ausgeführt oder nur übermittelt werden. Es handelt sich um einen Befehl ohne begleitenden Kommentar und eine Ausführung ohne Zeugen.

Entscheidend ist, dass JHWH, wie er in Ezechiel dargestellt wird, von unnachgiebiger Entschlossenheit geprägt ist. Obwohl Ezechiel häufig göttliche Befehle erhält, das Volk zur Buße aufzurufen, fällt auf, dass die einzigen drei explizit überlieferten Fälle prophetischer Kommunikation (Kapitel 8–11, 12 und 24) keinen solchen Aufruf enthalten. Stattdessen enthält jeder dieser Momente eine eindeutige Urteilsverkündung. Dies wirft eine entscheidende Frage auf: Geht es in diesem Buch wirklich darum, zur Buße aufzurufen, oder unterstreicht es vielmehr die Unvermeidlichkeit des Gerichts angesichts anhaltenden Widerstands? In Kontrast zu Jesajas Berufungen "zurückkehren", stellt Ezechiel einen Gott vor, der sich bereits distanziert hat und sich dafür entscheidet, seine Taten zu manifestieren nicht im Tempel, sondern unter den Verbannten. Folglich dient der symbolische Reichtum des Textes nicht der Aufklärung, sondern der Verstörung. Die allgegenwärtigen Themen von JHWHs Zorn und Entschlossenheit gegenüber seinem eigenen Volk durchdringen fast alle Gerichtsorakel und verdeutlichen die Gründe und Mechanismen, die zum Volk führten, Exil.

Darüber hinaus weist der Text eine bemerkenswerte Verbreitung von Schamsprache auf, die sich insbesondere in den geschlechtsspezifischen Darstellungen Jerusalems in den Kapiteln 16 und 23 zeigt. Die Stadt wird entblößt, bloßgestellt und gedemütigt; sie wird grotesk als theologische Metapher. Die von Klopfenstein formulierte Verbindung von kālam (Schande) und kābôd (Ruhm) weist darauf hin, dass Scham über bloße Bestrafung hinausgeht; vielmehr bildet sie die paradoxe Grundlage, auf der göttlicher Ruhm wiederhergestellt wird. Die überwältigenden Bilder, die in Ezechiel präsentiert werden, sind nicht unbegründet; sie vermitteln ein theologisches Verständnis, in dem Ruhm durch Entstellung vorweggenommen und Gegenwart durch Erniedrigung vorweggenommen wird.

Ein solcher symbolischer Überschuss erfordert ethische Vorsicht. Während andere prophetische Figuren Metaphern als Mittel der Überzeugung nutzen, setzt Ezechiel sie oft als Mechanismus des Bruchs ein. Scham wird beispielsweise nicht einfach ausgelöscht, sondern in den narrativen Rahmen integriert. Diese Symbolik macht den Text sowohl theologisch bedeutsam als auch ethisch umstritten.

Warum das wichtig ist

Die Lektüre von Ezechiel verwandelt einen in einen theologischen Leser. Das Fehlen von Dialogen und die Fülle an Visionen zwingen den Leser eher zu einer Haltung der Ausdauer als der Meisterschaft. Ezechiel zeigt, dass göttliche Offenbarung nicht immer mit menschlicher Bereitschaft übereinstimmt; Worte können ohne Publikum gesprochen werden, und Verständnis kann erst nach einer Zeit der Trostlosigkeit entstehen.

Das Buch Ezechiel dient als Spiegel des Exils, nicht nur im politischen Sinne, sondern auch in kommunikativer Hinsicht. Seine Struktur spiegelt einen Zustand theologischer Schwebe wider: Was Gott verkündet, bleibt erhalten, wird aber noch nicht vollständig angenommen. Das Buch antizipiert ein Publikum, das nicht anwesend ist, moralische Klarheit, die noch nicht greifbar ist, und eine zukünftige Wiederherstellung, die noch nicht gesichert ist.

Für diejenigen, die sich mit theologischer Ausbildung beschäftigen (Prediger, Pädagogen und Leser), sind die Auswirkungen sind bedeutsam. Dieses Buch warnt Prediger davor, sich strikt an die konventionelle Formel von Gericht über Buße und Vergebung bis hin zur Wiederherstellung zu halten. Was bedeutet es, eine Botschaft zu verkünden, die verfrüht ist? Wie können wir eine Vision nicht nur für die Gegenwart, sondern für eine ungewisse Zukunft aufrechterhalten?

Ezechiels Schweigen sollte nicht als Passivität missverstanden werden; es dient vielmehr als Zeugnis. Die zahlreichen Visionen sind kein Zeichen der Nachsicht, sondern eine bewusste Strategie. Darüber hinaus könnten die Brüche, die der Prophet erlebte, göttliche Schwellen darstellen.

Kapitel 2
Ezechiels Rezeption und Interpretation

Vom mystischen Aufstieg bis zur redaktionellen Auslassung, von eschatologischen Blaupausen bis zum ethischen Trauma – Ezechiels Schriftrolle spricht in jedem Zeitalter und antwortet.

Das Buch Ezechiel fügt sich nicht ruhig in die interpretierenden Traditionen das Umgeben es. Es ist eine flüchtige Schriftrolle, zu symbolisch für den systematischen Theologen, zu fremdartig für liturgischen Trost und zu gewalttätig für unkritische Hingabe. Und doch hat sie Bestand gehabt. Dieses Kapitel verfolgt Ezechiels Rezeption über Zeit und Tradition hinweg, nicht nur um zu identifizieren, wo er einflussreich war, sondern auch um zu verstehen, wie und warum er weiterhin provoziert. Rezeption ist im Fall Ezechiels selten passiv. Seine Leser interpretieren ihn nicht nur; sie werden wiederum interpretiert von ihn.

Wissenschaftliche Laufbahnen

Das Buch Ezechiel hat einen vielschichtigen wissenschaftlichen Diskurs hervorgerufen, der von allegorischer Interpretation und Debatten zwischen Priestern und Propheten bis hin zu Traumatheorie und Diaspora-Theologie reicht. Dieser Abschnitt skizziert die unterschiedlichen Ansätze, die sich über historische und disziplinäre Grenzen hinweg herausgebildet haben, und konzentriert sich dabei nicht auf lineare Fortschritte, sondern auf Brüche, Neukonfigurationen und hermeneutische Intensitäten.

In der frühchristlichen Exegese war Ezechiel grundlegend für mystische und kirchliche Zusammenhänge. Origenes Predigten an Ezechiel (3. C.) berühmt versinnbildlichte die Vision des *Merkawa* (Wagens) als den Aufstieg der Seele zur göttlichen Gemeinschaft. Hieronymus' Commentariorum in Ezechiel Prophetam aus dem 4. Jahrhundert behielt diese mystische Entwicklung bei, betonte aber gleichzeitig die kirchliche Typologie. Gleichzeitig eigneten sich jüdische mystische Traditionen wie Hekhalot Rabbati (ca. 6. Jh.) Ezechiels Wagen als himmlische Kartographie für spiritueller Aufstieg.

Rabbinisch Interpretation näherte sich Ezechiel mit Ehrfurcht und Vorsicht. Saadia Gaon, Raschi, Ibn Ezra und andere funktionierte zu harmonisieren Ezechiels Tempel Vision (Kap. 40–48) mit der Tora. Doch Passagen wie Mischna Ḥagigah 2:1 spiegeln das Zögern gegenüber der öffentlichen Auseinandersetzung mit die Merkavah Vision, Unterstreichung die Texte flüchtige Heiligkeit. Unterdessen rekontextualisierten Pseudo-Ezechiel-Fragmente aus Qumran die Visionen des Propheten in apokalyptische und messianische Zusammenhänge und adaptierten Ezechiel, um inmitten politischer Brüche ideologische Widerstandsfähigkeit zu fördern.

In der modernen Wissenschaft haben historisch-kritische Methoden die Rolle Ezechiels neu geprägt. Walther Zimmerlis Hermeneia-Kommentare (1969, 1979) verbanden philologische Analyse mit theologischer Reflexion und stellten Ezechiel als Priesterfigur dar, die Israels Erinnerung neu erzählt. Moshe Greenberg betonte in seinem zweibändigen Anchor Bible -Kommentar (1983, 1997) pädagogische Kohärenz und rhetorische Einheitlichkeit und widersprach damit fragmentarischen Lesarten.

Im Gegensatz dazu schlug Gustav Hölschers Kommentar von 1924 eine drastische redaktionelle Kürzung vor und argumentierte, dass die meisten priesterlichen Texte des Buches nicht-Ezechielianisch seien. Sein Werk kristallisierte die Priester-Propheten-Dichotomie heraus, die das Fach jahrzehntelang beherrschen sollte. In jüngerer Zeit plädierte Marvin Sweeney (2013) für eine Versöhnung dieser Rollen und schlug vor, dass sich priesterliche und prophetische Stränge in Ezechiel gegenseitig bedingen und nicht widersprechen.

Performative und literarische Lesungen haben die Schriftrolle weiter neugestaltet. Margaret Odell und Andrew mein, interpretieren beispielsweise Ezechiels symbolische Handlungen als rhetorische Darbietungen und nicht als historische Berichte und formen so die Theologie durch inszenierte Rede. Stephen Kochen Ansichten die Gog Orakel und Tempel Visionen (Kap. 38–48) als liturgische Blaupausen, die die heilige Ordnung neu interpretieren. Paul Joyces ethische Interpretation von Ezechiel 18 unterstreicht die Bedeutung moralischer Handlungsfähigkeit im Kontext des Exils. Dalit Rom-Shiloni untersucht Ezechiels rhetorische Konstruktion einer verdrängten Identität und vertieft sich in innerisraelitische Konflikte und Vorstellungen von räumlicher Zugehörigkeit.

Auch vergleichende Ansätze haben sich bewährt. Daniel Bodi zieht Parallelen zwischen Ezechiel und dem babylonischen Gedicht von Erra und verortet Ezechiel im mesopotamischen mythischen Rahmen des göttlichen Zorns. und urbane Verwüstung. Safwat Marzouk untersucht, wie die babylonische Kaisermythologie Ezechiels Darstellung Ägyptens als Leviathan beeinflusst. Tova Ganzel untersucht die

Tempelvision als räumlich-theologische Rekonstruktion als Reaktion auf kommunale Luxation.

Feministische Kritiker haben die ethischen Kosten von Ezechiels Metaphern scharf in Frage gestellt. Julie Galambush (1992) untersucht die theologische Gewalt, die in der Metapher von Jerusalem als Ehefrau steckt. Athalya Brenner untersucht die Kapitel 16 und 23 durch die Linse des geschlechtsspezifischen Traumas und argumentiert, dass Ezechiels Rhetorik ethischen Widerstand erfordert, nicht nur exegetische Sympathie.

Interdisziplinäre Modelle erweitern das Feld kontinuierlich. Rose Stevenson und Natalie Mylonas untersuchen Ezechiels Raumpoetik als eine Form theologischer Architektur. CA Strine, CL Crouch und Madhavi Nevader bringen die Migrationstheorie in einen Dialog mit Ezechiels diasporisch Vorstellung. Diese Messwerte die Schriftrolle als Überlebenshandbuch, liturgisches Archiv und reterritorialisierte Theologie Traumastudien haben weitere Erkenntnisse gebracht. Ellen Davis (1989) beschreibt Ezechiels Schweigen und Symbolik als Symptome göttlicher Entfremdung. Ruth Poser (2012) liest das Buch als Traumaliteratur mit gebrochener Struktur, exzessiver Bildsprache und sich wiederholenden Erzählschleifen. Sie argumentiert, Ezechiel löse das Trauma nicht, sondern bewahre dessen Bruch.

Schließlich heben kommunikativ-performative Modelle die internen semiotischen Spannungen Ezechiels hervor. Soo Kim Sweeney schlägt vor, dass die Schriftrolle als Medium fungiert, unterbrochen Kommunikation, Wo göttlich Befehl, prophetische Umsetzung und Publikumsrezeption sind strukturell nicht aufeinander abgestimmt. In dieser Lesart ist Ezechiel kein Sprecher, sondern ein Träger des Bruchs;

seine Schriftrolle ist ein theologisches Artefakt der göttlichen Abwesenheit und prophetischen Zeuge.

Ezechiel in religiösen Traditionen
Jüdische Traditionen

Im frühen Judentum wurde Ezechiels Bildsprache zugleich verehrt und eingeschränkt. Die Mischna (Ḥagigah 2:1) warnte vor der öffentlichen Auslegung von Ezechiel 1, damit die göttlichen Mysterien Uneingeweihte nicht in die Irre führen oder überfordern. Dennoch prägte Ezechiel mystische Bahnen nachhaltig. In Hekhalot Rabbati (spätes 4.–6. Jahrhundert) wird die Wagenvision des Propheten zu einer Himmelskarte, einem Wegweiser zum Himmel und in die Reiche der Engel.

Der rabbinische Midrasch greift stark auf Ezechiel zurück, um die Zerstörung Jerusalems zu interpretieren und seinen Wiederaufbau zu visualisieren. Mittelalterliche Kommentatoren wie Raschi, Saadia Gaon und Ibn Esra bemühten sich, Ezechiels Tempelvision (Kap. 40–48) mit den Vorschriften der Tora in Einklang zu bringen, wobei sie Widersprüche oft in interpretativen Einfallsreichtum verwandelten. In der modernen jüdischen Theologie sind Moshe Greenberg, Marvin Sweeney und Dalit Rom-Shiloni behandeln Ezechiel als beide ein theologisches Archiv und eine ethische Provokation, Adressierung die Traumata von Exil, die Konstruktion einer gemeinschaftlichen Identität und Verräumlichung der Heiligkeit.

Visuell Exegese Auch entstanden früh. Bei die in der Dura-Europos-Synagoge (3. Jh. n. Chr.) erscheint Ezechiel prominent in Wandmalereien, insbesondere in der Darstellung der Vision der vertrockneten Knochen (Ezechiel 37). Diese Bilder repräsentieren eine der frühesten jüdischen visuellen Theologien, eine liturgische Erinnerung, die in Farbe, Gesten und Raum.

Christliche Traditionen

Das Neue Testament zitiert Ezechiel nicht so häufig wie Jesaja oder die Psalmen, greift aber dennoch stark auf seine Visionen zurück, insbesondere in Szenen der Auferstehung, der pastoralen Identität und der eschatologischen Architektur. Die Evangelisten Paulus und Johannes der Seher greifen jeweils Fragmente von Ezechiels prophetischer Grammatik auf und setzen sie in einen neuen Kontext, um den gekreuzigten und auferstandenen Christus, das Leben der Kirche und die Vision der neuen Schöpfung zu interpretieren.

Ezechiels Vision vom Tal der verdorrten Gebeine (37,1–14) dramatisiert Israels Rückkehr aus dem Exil als leibliche Auferstehung. Der Geist (רוּחַ), der in die Gebeine fährt, signalisiert nicht nur nationale Wiedergeburt, sondern göttliche Wiederbelebung. Matthäus 27,52–53 bietet ein verblüffendes erzählerisches Echo: nach Jesu Tod "wurden viele Leiber der entschlafenen Heiligen auferweckt" und "kamen nach seiner Auferstehung aus den Gräbern und zogen in die heilige Stadt". Diese Szene, die nur bei Matthäus vorkommt, lässt die eschatologische Zeit zusammenbrechen und behandelt die Auferstehung nicht nur als christologischen Sieg, sondern als Israels Wiederherstellung in verkörperter Form. Ezechiels Bild der verstreuten Gebeine, die durch Atem wieder zusammengefügt werden, wird bei Matthäus zur visuellen Grammatik der apokalyptischen Erfüllung.

In Ezechiel 34 verurteilt JHWH die verdorbenen Hirten Israels und verspricht, die Herde selbst zu hüten. "Ich selbst werde nach meinen Schafen sehen", verkündet die göttliche Stimme (34,11). Diese theologische Anklage wird in Johannes 10 zur christologischen Offenbarung, wo Jesus verkündet: "ich bin der gute Hirte" (10,11). Der johanneische Jesus wiederholt nicht nur Ezechiels Sorge um die verstreuten Schafe; er beansprucht göttliche Vorrechte und nimmt an, die Rolle das JHWH hatte reserviert für er selbst. Der prophetisch versprechen von göttlich pastoral Pflege ist erfüllt in der Inkarnation und schließlich in einem Hirten, der seine Leben.

Paulus' Aussage, dass die Gläubigen "tot waren durch Übertretungen und Sünden" (Eph 2,1), nun aber "mit Christus lebendig gemacht" wurden (2,5), spiegelt unverkennbar Ezechiels Vision der geistlichen Wiederbelebung wider. Ezechiels Versprechen eines neuen Herzens und eines neuen Geistes (36,26–27) untermauert Paulus' Theologie der verwandelnden Gnade. Während Ezechiel Israels Wiedergeburt als göttliche Initiative im Exil vorstellt, wendet Paulus diese Sprache auf heidnische und jüdische Gläubige gleichermaßen an und stellt die Erlösung als Auferstehung vom moralischen und geistlichen Tod dar.

Johannes' apokalyptische Vision des Neuen Jerusalem ist durchdrungen von Ezechielischer Bildsprache. Die Maße, Flüsse und Tore aus Ezechiels letzten Kapiteln erscheinen in verklärter Form in Offenbarung 21–22. Dennoch gibt es einen theologischen Wandel: während Ezechiels Tempel durch Grenzen und geregelten Zugang gekennzeichnet ist, hat die Stadt der Offenbarung "keinen Tempel in sich, denn ihr Tempel ist der Herr, Gott, der Allmächtige, und das Lamm" (Offb 21,22). Die Architektur der Beschränkung wird zu einer Theologie der innewohnenden Präsenz. Das Eschaton ist nicht die Wiederherstellung kultischer Strukturen, aber ihre

Auflösung in unmittelbare Gemeinschaft.

Zusammengenommen spiegeln diese neutestamentlichen Auseinandersetzungen mit Ezechiel Kontinuität und Transformation wider. Ezechiels Metaphern (Auferstehung, Hirtendienst, geistdurchdrungenes Leben und heiliger Raum) werden zu theologischen Idiomen, mit denen die frühen Christen die Bedeutung von Christi Tod, Auferstehung und der Verheißung einer neuen Schöpfung zum Ausdruck bringen. Weit davon entfernt, ein unbedeutender Prophet zu sein, wird Ezechiel zum kanonischen Architekten eschatologischer Vorstellungskraft.

Die christliche Interpretation des Ezechiels legt seit langem Wert auf Allegorie, Ekklesiologie und Eschatologie. In seinen Homilien in Ezechiel (spät 6. C.), Gregor die Great interpretierte Ezechiels Kämpfe als Spiegel der pastoralen Berufung und verband Stummheit, Last und Gehorsam mit dem Christian Schäferhund Arbeit. Mittelalterlich Zahlen solch So interpretierten Rupert von Deutz und Richard von St. Victor die Tempelvisionen als himmlische Liturgien mit architektonischen Schemata, die die göttliche Ordnung nachbilden sollten.

Auch die mystische Exegese erlebte eine Blütezeit. Dionysius der Kartäuser (15. Jahrhundert) betrachtete Ezechiel als kontemplativen Führer, während klösterliche Leser die Wagenvision nutzten, um die Spannung zwischen göttlicher Transzendenz und mystischer Vereinigung zu ergründen.

Die Reformation ließ das Interesse an prophetischer Kritik neu aufleben. Johannes Calvin betonte die prophetische Autorität und theologische Souveränität Ezechiels und betrachtete den Text durch die Brille des Bundesgerichts. Lutherische und reformierte Theologen wie Johannes Cocceius und William Greenhill vergeistigten die Tempelvision und interpretierten sie als typologische Vorwegnahme kirchlicher Erneuerung.

Die christliche Kunst nahm diese Interpretationen auf und brach sie. William Blakes Ezechiels Vision (Anfang des 19. Jahrhunderts) interpretiert den Streitwagen in radikal romantischer Form neu und schildert die Begegnung zwischen Gott und Mensch als kosmisches Drama. Apokalyptische Traditionen, insbesondere die dispensationalistische Theologie, stimmen weiterhin mit Ezechiels Tempel mit dem Neuen Jerusalem aus Offenbarung 21–22, wobei der Prophet als eschatologischer Architekt gelesen wird.

Islamische Traditionen

Obwohl Ezechiel (Ḥizqīl) im Koran nicht namentlich erwähnt wird, findet sich seine Präsenz in der klassischen islamischen Literatur wieder. Tafsīr-Traditionen verbinden ihn mit Versen wie Q 2:243 und Q 36:78–79, in welchen Gott belebt die Toten wieder, um göttliche Macht zu zeigen. Klassische Kommentatoren solch als al-Ṭabarī und al-Thaʿlabī Identifizieren Sie Ezechiel als den Propheten in der Episode "Tal der vertrockneten Knochen" und interpretieren Sie seine Mission als Beweis für die Auferstehung und göttliche Barmherzigkeit.

In *Qiṣaṣ al-Anbiyāʾ* ("Geschichten der Propheten") erscheint Ezechiel als weiser und frommer Bote, der manchmal als militärischer und moralischer Reformer in Zeiten nationaler Gefahr dargestellt wird. Seine Verbindung mit Wiederherstellung, körperlicher Auferstehung und kosmischer Erneuerung rückt ihn in den Mittelpunkt der islamischen Theologie der Eschatologie und göttlichen Intervention.

Prophet, Priester, Pastor: Lernen mit Ezechiel

Für moderne Leser, darunter Studenten, Prediger und theologische Gemeinschaften, stellt Ezechiel eine Reihe herausfordernder Fragen: Was bedeutet es zu sprechen, wenn niemand zuhört? Was wird aus dem Priestertum eines Menschen, der zum Priesterdienst berufen ist, wenn der Tempel in Trümmern liegt? Was ist das Wesentliche am Predigen, wenn Worte vom Urteil überschattet werden?

Ezechiel lässt sich nicht auf eine einzige Rolle reduzieren. Er ist ein Bote ohne Antwort, ein Schreiber von heilig Trauma, und ein Wächter, dessen Warnung eher archiviert als empfangen wird. Er ist Prophet, Priester und Pastor zugleich, doch in keiner dieser Rollen bietet er Stabilität oder Entschlossenheit. Stattdessen veranschaulicht sein Dienst Ausdauer angesichts Dissonanz.

Im Unterricht fordert Ezechiel die Studierenden auf, theologische Gegensätze zu untersuchen und zu hinterfragen. Warum sollte man einen Konflikt zwischen priesterlichem Ritual und prophetischer Spontaneität annehmen? Warum sollte man Seelsorge lediglich als sanft oder beruhigend interpretieren? Ezechiels Berufung untergräbt diese Annahmen. Sein Schweigen ist nicht passiv; es ist ein diszipliniertes Zeugnis. Seine Visionen sind keine wilden Ekstasen, sondern strukturierte Darstellungen des Bruchs. Die Studierenden werden aufgefordert, nicht nur zu überdenken, was ein Prophet ist, sondern auch, was es bedeutet, trotz Misserfolgen treu zu bleiben.

Auf der Kanzel spricht Ezechiel zu denen, die Botschaften überbringen, die niemand hören will. Sein Verkündigungsmodell ist somit nicht überzeugend, sondern bewahrend. Der Prediger überzeugt nicht, sondern erinnert sich, bezeugt, was gesehen und gehört wurde, als Gott sprach. Und die Menschen waren nicht bereit zuzuhören. Ezechiels das Amt wird nicht durch das Ergebnis, sondern durch die Anwesenheit gerechtfertigt. Er verkörpert die Wahrheit, dass nicht jede Rede zum Erfolg führt und nicht jedes Schweigen abwesend.

Abschluss

Im Laufe der Jahrhunderte ist die Figur des Ezechiel auf Widerstand gestoßen, hat Umstrukturierungen erfahren und wurde auf verschiedene Weise neu interpretiert. Gustav Hölscher suchte, um der Schriftrolle Kohärenz aufzuzwingen, während andere sich dafür entschieden haben, die inhärenten Spannungen zu akzeptieren. Ezechiel wurde auf Synagogenwänden abgebildet, fand in klösterlichen Liturgien Anklang und prägte die christliche apokalyptische Architektur. Er ist nicht ein Prophet von Schließung aber ein Katalysator für Provokation.

Seine Schriftrolle enthält keine singuläre Theologie; vielmehr präsentiert sie eine Kaskade von Unterbrechungen: mystischer, traumatischer, eschatologisch und ethischer Natur. Er ist ein Prophet, der dekonstruiert, um neu zu definieren; der schweigt, um Raum zu schaffen; der nicht spricht, um eine Lösung zu finden, sondern um unsere Aufmerksamkeit zu erregen.

Letztlich ist Ezechiels Schriftrolle unvollendet. Sie bleibt offen, nicht um vollendet, sondern um fortgeführt zu werden.

Kapitel 3
Ezechiel aus pragmatischer Perspektive lesen

Wie sieht eine Prophezeiung aus, wenn das Publikum fehlt und die Worte für eine unbekannte Zukunft archiviert werden? Ezechiels Welt ist nicht dialogisch, sondern hütend, und die Kommunikation strebt nicht nach sofortiger Wirkung. Aber langfristig Integrität. Das Kapitel baut an die interpretativen Grundlagen der Kapitel 1 und 2 und fragen nun: Was bedeuten Ezechiels prophetische Reden für Leser und Interpreten? Wir betrachten das Buch Ezechiel nicht nur als einen zu studierenden Text, sondern als performative Agent, der die Kategorien Präsenz, Verantwortung und Übertragung neu ordnet.

Statt als Echtzeitgespräch zwischen Propheten und Volk zu fungieren, inszeniert das Buch Ezechiel die göttliche Rede als verzögerte Inschrift. Dem Propheten wird wiederholt gesagt, dass das Volk nicht zuhören werde (2,5; 3,7). Dennoch muss die Schriftrolle aufgezeichnet werden. Dies schafft eine Theologie der archivierten Prophetie, in der der Wert der göttlichen Rede nicht in ihrer unmittelbaren Rezeption, sondern in ihrer Bewahrung über Brüche hinweg liegt. Die Rolle des Propheten entwickelt sich vom bloßen Überbringer göttlicher Offenbarung zum Hüter des göttlichen Willens.

Diese Transformation unterstreicht einen tiefgreifenden Wandel im prophetischen Diskurs, in dem der Prophet sich auf den komplexen Prozess einlässt, Weisheit in das Schweigen der Geschichte einzuschreiben. Dieser Akt des Schreibens ist nicht nur ein Echo der Gegenwart, sondern ein hoffnungsvolles Zeugnis für eine Zukunft, in der die sorgfältig gefertigten Schriftrollen enthüllt, interpretiert und für ihre transformativen Erkenntnisse gewürdigt werden. Der Prophet wird so zum standhaften Hüter dieser heiligen Texte und blickt auf eine Zeit, in der ihre Worte in einer Welt, die ihre Bedeutung noch nicht vollständig erfasst hat, auf Verständnis und Sinn stoßen werden.

Ezechiels gesprächig Struktur ist zutiefst asymmetrisch:

Absender: JHWH, dessen Reden häufig, aber strategisch inszeniert sind.

Bote: Ezechiel, oft stumm, immer nach Drehbuch.

Empfänger: ein fragmentiertes Publikum; die Überreste Jerusalems, die Verbannten in Babylon oder zukünftige Generationen.

Dieses Ungleichgewicht ist nicht als Mangel, sondern als charakteristische theologische Strategie des Buches zu betrachten. Es porträtiert JHWH nicht, um die Taubheit des Publikums zu korrigieren; vielmehr verwandelt Gott seine Rede in eine Geste, seine Zeit in ein Warten und seine Prophezeiung in ein Archiv. Die Botschaft wird nicht übermittelt, sondern rituell gespeichert. Der kommunikative Zusammenbruch wird so zu einer prophetischen Berufung umfunktioniert.

Aus dieser Perspektive wird Ezechiels Schweigen (3,26) zu einem theologischen Ereignis und nicht nur zu einer Einschränkung. Es schafft die Möglichkeit, dass treues Reden verzögert, verkörpert und widerwillig ausgedrückt werden kann. Der Prophet wird zu einer Leitung von Ausdauer. Seine Gesten (Schriftrollenessen, auf der Seite liegen, Stummheit) signalisieren, dass die Sprache Grenzen hat.

Prophetie muss manchmal durch den Körper sprechen, wenn die Stimme nicht mehr genügt.

Ezechiel will nicht nur eine göttliche Botschaft übermitteln; er formt den Empfänger um. Die Schriftrolle dient einem pädagogischen Zweck: Sie soll nicht nur Informationen vermitteln, sondern eine Gemeinschaft vorbereiten, die nach dem Exil Gottes Gegenwart verkörpern kann. Diese Vorbereitung erfordert mehr als nur Überzeugungsarbeit; sie erfordert die bewusste Demontage theologischer Konstrukte, die aus der alten Welt überliefert wurden: Tempelbeständigkeit, prophetische Gegenseitigkeit und vertragliche Sicherheit. Stattdessen leitet die Schriftrolle einen disziplinierten Prozess der Zurückhaltung, des Rückzugs und der Entleerung ein. Diese Handlungen sind kein Selbstzweck, sondern notwendige Brüche in den Diensten eines größeren Ziels: Platz zu schaffen für eine Neuschöpfung von Volk, Land, Tempel und Stadt, die nicht durch Wiederherstellung, sondern durch Transformation wiederaufgebaut wird.

Der Unterricht mit diesem Buch bietet die Möglichkeit, Kommunikation, Pädagogik und theologische Handlungsfähigkeit neu zu überdenken. Führen Sie Ezechiels Kommunikationssequenz in einem Rollenspiel nach und weisen Sie den Schülern die Rollen des Absenders, des Propheten und des verdeckten Publikums zu, deren direkte Kommunikation eingeschränkt ist. Der Übung enthüllt die Dissonanz gebaut in die Schriftrolle hinein Struktur.

Stellen Sie die Kommunikationstheorie (Austin, Searle) vor, um zu veranschaulichen, wie die prophetische Rede bei Ezechiel nicht als illokutionäre Überzeugung, sondern als archivarische Inschrift funktioniert.

Erleichtern Sie die räumliche und zeitliche Zuordnung: Verfolgen Sie, wie Nachrichten Raum (Babylon–Jerusalem) und Zeit (Gegenwart–Zukunft) durchqueren, und ermitteln Sie die prophetischen Kosten aufgeschobener Hoffnung.

Ezechiel fordert den Prediger nicht dazu auf, Ergebnisse zu liefern, sondern die Last zu tragen. Der Prediger, wie Ezechiel, Mai sprechen Wissen, das nein eins hört, zu. Noch Dies macht die Botschaft nicht ungültig; es bestätigt es.

Die Predigt aus Ezechiel ist keine Überzeugungsrede, sondern eine Rede für Erinnerung. Der Kanzel würde zu einem Ort von heilig Ausdauer, nicht rhetorisch Kontrolle. Das Ziel ist nicht, eine Reaktion hervorzurufen, sondern treu Zeugnis abzulegen, den Raum offen zu halten, in dem göttliche Worte auch noch lange nach der Errichtung des Heiligtums widerhallen können. leer.

Ezechiels prophetisches Modell geht nicht von einem Abschluss aus. Seine Schriftrolle ist kein Zeugnis einer erfüllten Mission, sondern einer erhaltenen Berufung. Propheten haben keinen Erfolg, indem sie ihre Zuhörer wechseln; sie bleiben bestehen, indem sie das Wort weitergeben. Ezechiel lehrt uns, dass verzögerte Kommunikation kein göttliches Versagen ist, sondern vielmehr göttliche Geduld für das größere Ziel. Die Rede, sogar wenn unbeantwortet, dürfen noch sein heilig.

Fazit zu Teil I

Die ersten Kapitel des Buches Ezechiel bieten weder Trost noch Klarheit. Sie bieten einen Bruch und erfordern von den Lesern eine ethische Vorbereitung mit Geduld. Was fehlt – Dialog, Intimität, Fürbitte – ist ebenso prägend wie das, was vorhanden ist: Symbol, Stille, Spektakel.

Teil ich hat daher gelegt die interpretierenden Grundlagen: erste von erkunden, Was Ezechiel fehlt und Überläufe mit (Kapitel 1), dann wie es aufgenommen wurde (Kapitel 2) und schließlich, wie die Leser heute dazu aufgerufen werden, teilzunehmen in es ist unvollendet Kommunikation (Kapitel 3). Der folgende Abschnitt verlagert den Fokus von den Spannungen und Stille, die Ezechiels prophetische Welt umrahmen, bis hin zu den kompositorischen Strategien und Strukturmustern, die ihre theologischen Botschaften prägen. Die Schriftrolle wird sich weiterentwickeln, aber nicht, indem sie ihre Vergangenheit auslöscht: die Lücken und Exzesse in ihrer Stimme bleiben Teil ihrer theologischen Architektur. Die folgenden Lesungen werden sich mit diesen Bewegungen von Sprache, Gesten und Präsenz befassen, während sich die performative Architektur der Schriftrolle über ihre zentralen Visionen und rhetorisch Handlungen. Was entfaltet als nächstes folgt keine Auflösung, sondern eine genauere Verfolgung dieser Bewegungen, bei der die Architektur des Buches selbst zu einer Art prophetischer Rede.

Teil II
Architektur und Stimme
Wie Ezechiel spricht

Wenn Teil I die Asymmetrien, das Schweigen, und Störungen, die Ezechiels prophetische Berufung umrahmen (was nicht gesagt wird, wer nicht zuhört und wie die göttliche Kraft dennoch darauf besteht), dann wendet sich Teil II der kompositorischen Dynamik der Schriftrolle zu: wie sie geformt ist, um bewegen, zu Akt, und letztlich zu sprechen mit theologischer Kraft.

Weit entfernt von einem unzusammenhängenden Archiv von Visionen und Orakeln entfaltet sich das Buch Ezechiel mit strenger architektonischer Intentionalität. Die Struktur des Buches ist kein neutraler Behälter; sie ist ein theologisches Argument. Es bewegt sich rhythmisch durch Urteil, Übergang und vorläufige Wiederherstellung, nicht einfach als literarisches Muster. Aber als eine prophetische Strategie. Jede Schicht von dem Text trägt bei zu einer dramatischen Nacherzählung von Israels Geschichte, nicht um die Tradition wiederherzustellen, sondern um sie zu unterbrechen es.

Im Gegensatz zu anderen prophetischen Texten, die ein Versagen des Bundes diagnostizieren, nur um dann einen Kreislauf von Reue und Rückfall zu erzeugen, geht Ezechiel noch weiter: es versucht, dieses Muster vollständig zu durchbrechen. Das Buch verkündet nicht nur das Gericht und prophezeit die Genesung. Es hinterfragt die theologischen Mechanismen, die Israels Geschichte in ritualisierte Dysfunktionalität aus oberflächlicher Reue, vorübergehender Reform und Rückfall verfallen ließen, und versucht dann, den Bund neu zu schreiben. Identität aus innerhalb des Traumas von Exil. Das Buch drängt auf eine Wiederherstellung, die nicht nur zukunftsorientiert, sondern auch strukturell und spirituell nachhaltig ist.

In diesem Licht betrachtet Teil II das Buch Ezechiel nicht nur als ein Gefäß göttlicher Rede, sondern als eine kompositorische Intelligenz, in der Zeichenhandlungen, Klagelieder, Visionssequenzen und Gerichtsgedichte als bewusst arrangierte Instrumente theologischer Wiederaufbau. Der des Propheten Körper, zum Schweigen gebracht und inszeniert, wird zum Medium nicht nur für das, was Gott sagt, sondern auch dafür, wie Gott sich davon abhält, bestimmte Dinge zu sagen bald.

Drei zentrale Fragenkomplexe leiten diesen Abschnitt:

Welche literarischen Strukturen prägen das Buch Ezechiel? Wie organisieren und vertiefen Makrostrukturen und interne literarische Symmetrien die theologischen Botschaften des Buches?

Wie dienen Schlüsselstellen als strukturelle und theologische Angelpunkte? Was steht auf dem Spiel, wenn zentrale Texte wie die Kapitel 10, 24, 33 und 37 bestehende rhetorische Dynamiken unterbrechen oder prophetische Ton?

Wie erzählt Ezechiel die theologische Geschichte Israels neu, um ihre rekursive Pathologie zu durchbrechen? Was Arten von historisch Erinnerung und Welche bundespolitische Vorstellungskraft wird durch das Buch aufgetrennt, neu verwebt oder erhöht und wie formen diese Dynamiken eine neue Vision gemeinschaftlicher Identität und göttlicher Präsenz?

Teil II beginnt mit einer strukturellen Untersuchung in Kapitel 4, in der untersucht wird, wie die literarische Architektur des Buches seine theologischen Prioritäten signalisiert und inszeniert. Kapitel 5 analysiert dann ausgewählte Passagen, die Genreintensität, Performativität und thematische Funktionen veranschaulichen.

Gemeinsam führen diese Kapitel den Leser von der Luftperspektive zum Engagement auf Bodenhöhe und verfolgen, wie die Gestalt von Ezechiel zu seiner Stimme wird. Bei Ezechiel geht die Struktur über bloßes Gerüst hinaus; sie vermittelt Theologie. Die Form ist nicht passiv; sie spricht, verletzt und bietet manchmal Hoffnung.

Kapitel 4
Die Strukturen des Buches Ezechiel verstehen
Auf dem Weg zu einer kommunikativen Architektur der Prophezeiung

Wer das Buch Ezechiel liest, erlebt nicht nur inhaltliche, sondern auch formale Brüche. Das Buch widersetzt sich einer linearen Entwicklung und führt durch Sturmwagen-Theophanien, verkörperte Gleichnisse, juristische Auseinandersetzungen, und Tempel Blaupausen mit wenig narrative Kontinuität oder Abschluss. Während die Kapitel 1–24 die Zeit zwischen den Belagerungen zwischen 597 und 586 v. Chr. widerspiegeln, geht das Buch über die Zerstörung Jerusalems hinaus und gipfelt in eine Vision datiert vierzehn Jahre nach es ist Herbst. Im Wesentlichen scheint Ezechiel zwar eine chronologische Abfolge mit datierten Überschriften zu präsentieren, doch die implizierten literarischen Kontexte der einzelnen Passagen sind insgesamt weniger sequenziell, als sie scheinen. Stattdessen dienen die markierten Daten als literarische und theologische Markierungen, die die göttliche Kommunikation inmitten fragmentierter Zeit und unterbrochenem Erzählfluss bewahren.

Kommunikative Kartierung: Vier Achsen des prophetischen Diskurses

Ein kommunikatives Modell hilft, die Struktur zu verdeutlichen von die Buchen Sie nicht nur von Genre oder Datum, aber durch Abbildung von Beziehungen zwischen:

Absender (JHWH): der göttlichen Stimme, befehlend, aber oft zurückgehalten.

Bote (Ezechiel/ "Menschensohn"): ein zurückhaltender Darsteller statt eines überzeugenden Redners.

Empfänger (Exilanten und Jerusalemer): Gespalten, aufgeschoben und größtenteils reagiert nicht.

Erzähler (Ezechiel in der ersten Person): Zeitlich verankert, aber oft in einer prophetischen "Gegenwart" schwebend.

Diese Abbildung offenbart eine Struktur, die nicht durch Symmetrie, sondern durch Fehlausrichtung gekennzeichnet ist. Kommunikation ist oft unvollständig, ihre Wirkung verzögert sich, und ihre Absichten werden eher bewahrt als umgesetzt. Hier finden Sie detailliertere Abbildungen.

Ezechiels kommunikative Struktur: Göttliche Rede und das zurückgehaltene Publikum

Das Buch Ezechiel ist um ein komplexes Kommunikationssystem herum aufgebaut, vielschichtig, verzögert und oft asymmetrisch. Während die Schriftrolle von göttlicher Sprache durchdrungen ist, bleiben ihre Empfänger seltsam stumm oder undefiniert. Befehle sind häufig, Bestätigungen jedoch selten. Es entsteht ein prophetisches Drama, das sich nicht durch zwischenmenschlichen Dialog, sondern durch Zurückhaltung, Abstraktion und bewahrte Intensität entfaltet.

Im Zentrum dieser Struktur stehen vier kommunikative Akteure: der Sender (JHWH), der Bote (Ezechiel), die Empfänger (die Juden im Exil und Jerusalem) und der Erzähler. Ihre Interaktionen sind nicht durch Symmetrie oder Abgeschlossenheit organisiert, sondern durch Fehlausrichtung und Spannung. Kommunikation ist häufig unvollständig, ihre Auswirkungen verzögert und ihre Absichten eher bewahrt als umgesetzt.

JHWH der Absender: Rede ohne Gesprächspartner

Im gesamten Buch spricht JHWH durchgehend, oft ausführlich und mit präzisen Details, aber ausschließlich zu Ezechiel. Es gibt keinen aufgezeichneten Moment eines direkten göttlich-menschlichen Gesprächs jenseits dieses prophetischen Kanals. Selbst dringende Urteilssprüche werden ohne sichtbare Rückkopplung ausgesprochen, und JHWH erkennt wiederholt die Weigerung oder Unfähigkeit des Volkes an, zuzuhören (2,5; 3,7). Göttliche Sprache fehlt nicht, ist aber unzugänglich.

Noch bemerkenswerter ist jedoch, wie sehr sich JHWH dafür einsetzt, sich zurückzuhalten. Der Gott Ezechiels fällt nicht einfach ein Urteil; Gott hält sein eigenes Mitgefühl zurück. Im Gegensatz zu Jesajas Gott, der in Barmherzigkeit zurückkehrt, oder Jeremias Gott, der in Trauer ausbricht, hält Ezechiels Gott sogar seine göttliche Zärtlichkeit zurück. Diese Zurückhaltung sollte nicht mit Gleichgültigkeit verwechselt werden. Vielmehr spiegelt sie die bewusste Weigerung wider, voreilig zu trösten, eine göttliche Strategie, um die notwendige, tiefere Transformation nicht zu sabotieren. JHWHs Schweigen ist nicht passiv; es ist von theologischer Absicht getragen und widersteht der Versuchung, zu früh zu trösten. Gott hält sich nicht zurück, um aufzugeben, sondern um eine Schöpfung vorzubereiten, die erst entstehen darf, nachdem die Verwüstung ihr notwendiges Werk getan hat.

Ezechiel, der Bote: Gehorsam, aber zum Schweigen gebracht

Ezechiel fungiert als Bote, doch seine Rolle ist eher durch Empfangen als durch Weitergeben geprägt. Ihm wird befohlen zu sprechen und zu handeln, doch der Text bestätigt selten die Erfüllung dieser Befehle. Symbolische Gesten wie die Inszenierung der Belagerung (Kap. 4) oder der Nachstellung des Exils (Kap. 12) werden zwar beschrieben, aber nicht als ausgeführt erzählt. Andere, wie der Tod seiner Frau (Kap. 24), werden sowohl inszeniert als auch interpretiert. Diese uneinheitliche Darstellung zeigt, dass Ezechiels prophetisches Wirken nicht darauf abzielt, Ausführungen zu modellieren, sondern theologische Vorstellungen zu formulieren.

Darüber hinaus deuten Ezechiels Stummheit (3,26) und seine körperliche Zurückhaltung (4,8) darauf hin, dass selbst dort, wo Kommunikation geboten ist, diese oft verzögert, umgeleitet oder symbolisch beeinträchtigt wird. Er ist ein Prophet, der zum Reden berufen, aber vom Sprechen abgehalten wird. Was wir erhalten, ist keine Abschrift einer Handlung, sondern eine Schriftrolle über aufgeschobene Leistungen, die nicht zur sofortigen Reaktion, sondern zur späteren Anerkennung bestimmt ist. Ezechiels Aufgabe besteht also nicht darin, Veränderungen zu erzwingen, sondern die Bedeutung in einer Form zu bewahren, die den Verlust des unmittelbaren Hörens überdauert.

Empfänger: Lücken, Einblicke und verschwindende Adressaten

Ezechiel lebt unter den Verbannten (3,15), doch die meisten Orakel in den Kapiteln 1–24 richten sich an die Verbliebenen in Jerusalem. Zwar kommen manchmal Älteste zu ihm (8,1; 14,1; 20,1), doch die

Gemeinde schweigt weitgehend. Die Schriftrolle enthält keine ausführliche Schilderung der Reaktion, keine gemeinsame Reue und kaum zwischenmenschlichen Austausch.

Nur drei Passagen beschreiben explizit, wie prophetische Mitteilungen die Menschen erreichen:

In 11:25 berichtet Ezechiel den Ältesten von seiner Vision, was auf eine gewisse Akzeptanz schließen lässt.

In 12:9 werden die Menschen Zeugen einer symbolischen Handlung und fragen: "Was tut ihr da?" JHWH zitiert ihre Frage und liefert eine Interpretation durch Ezechiel. Ihre Stimme wird jedoch neu interpretiert, nicht direkt aufgezeichnet.

In 24:24-27, Verlust des Propheten, fragen nach seiner Bedeutung und erhalten eine Erklärung. Dies bleibt die einzige eindeutige Rückkopplungsschleife: göttliche Botschaft, prophetische Vermittlung und gemeinschaftliche Reaktion.

Nach dem Fall Jerusalems wird Ezechiels Stimme wiederhergestellt (33,22). Doch selbst dann kehrt erzählerisches Schweigen ein. Die nachfolgenden Orakel der Wiederherstellung werden weder als empfangen noch als ausgeführt beschrieben. Besonders bemerkenswert ist die Tempelvision in den Kapiteln 40–48, die mit dem Befehl eingeleitet wird, "dies alles dem Haus Israel zu verkünden" (40,4), und ohne sichtbares Publikum endet. Die Stadt wird vermessen. Die Tore werden benannt. Doch kein menschliches Ohr ist zu hören. Der implizite Leser muss die Botschaft erben.

Dieses fortschreitende Verschwinden des Publikums stellt herkömmliche Annahmen über prophetische Kommunikation in Frage. Ezechiel ist kein Buch der Überzeugung. Es ist eine versiegelte Schriftrolle, die darauf wartet, von denen geöffnet zu werden, die noch hören können.

Erzählzeit und theologische Verzögerung

Ezechiel ist ungewöhnlich reich an Datumsformeln und nennt oft Jahr, Monat und Tag göttlicher Begegnungen (z. B. 1,1–2; 8,1; 20,1; 24,1; 33,21; 40,1). Diese Zeitstempel dienen nicht dazu, die Handlung voranzutreiben, sondern den Ablauf der Offenbarung in der angehaltenen Zeit zu markieren. Kommunikation entfaltet sich in Visionen, nicht im Dialog, in symbolischer Darstellung, nicht in der Auflösung von Ereignissen.

Im Exil lebt Ezechiels Gemeinde in einer Zeitlichkeit, in der Daten zwar festgehalten, aber nicht gelebt werden. Die zyklischen Rhythmen von Pilgerfesten und Bundesversammlungen fehlen. In diesem Vakuum erhält die Präzision des Propheten eine andere Bedeutung. Diese Aufzeichnungen ähneln weniger einem liturgischen Kalender als einer Überlebensstrategie – ähnlich wie Robinson Crusoe nach einem Schiffbruch die Tage zählt. Ezechiel markiert die Zeit als Akt des Widerstands gegen die Auslöschung der Geschichte. Diese Schriftrolle ist keine Reaktion auf eine Krise; vielmehr archiviert sie göttliche Präsenz für eine Zukunft, die sie empfangen kann.

Die letzte Datumsangabe in 40:1 erfolgt vierzehn Jahre nach dem Fall der Stadt. Wie bereits erwähnt, handelt es sich hier nicht um eine Botschaft der sofortigen Wiederherstellung, sondern um eine sorgfältig ausgearbeitete Vision, deren Übermittlung undokumentiert bleibt. Diese theologische Zurückhaltung verstärkt die dauerhafte Struktur der Schriftrolle: Was gesprochen wird, bleibt erhalten, nicht unbedingt erhalten.

Zusammenfassend lässt sich sagen, dass Ezechiels kommunikative Architektur das in die Tat umsetzt, was sie verkündet: die göttliche Rede kann vollständig ausgesprochen werden, aber bis den Hörer auf bestimmte Umstände stößt, wie etwa den Untergang der Nation, bleibt die Botschaft bliebe weitgehend aufgeschoben. JHWH spricht nicht, um sofortige Reue und Wiederherstellung zu provozieren, sondern um ein langes Werk der Neuschöpfung einzuleiten. Der Prophet übermittelt nicht bloß Inhalte; er beteiligt sich an einem Prozess des Rückbaus, einer strategischen Demontage überlieferter Annahmen über Tempel, Bund und Kommunikation. Nur dann kann eine Neuschöpfung von Volk, Stadt, Land und Tempel entstehen – nicht als Wiederherstellung des Alten, sondern als Transformation hin zum Bleibenden.

Auch wenn das Buch ohne einen konkreten menschlichen Adressaten endet, fesselt es den Leser. Das Fehlen eines Publikums in der Erzählung ermöglicht es dem Leser, nicht nur als Beobachter, sondern als die angesprochene Person selbst in die Geschichte einzutauchen. Das Buch Ezechiel ist vielleicht nicht für sein ursprüngliches Publikum erhalten, sondern für diejenigen, die sich nach dem Zusammenbruch der direkten Kommunikation aufnehmen konnten. Seine verzögerte Rezeption stellt den Leser vor eine doppelte Aufgabe: die Bedeutung aus theologischen Fragmenten zu rekonstruieren und nicht mit reaktiver Emotion, sondern mit anhaltender Aufmerksamkeit zu reagieren. Die letzte Frage ist nicht, ob die Menschen damals zuhörten, sondern ob der Leser heute zuhören wird.

Strukturen der Stille und Intensität

Statt in einem fließenden Bogen vom Gericht zur Wiederherstellung zu verlaufen, entfaltet sich das Buch Ezechiel in Schüben: visionäre Eröffnungen (Kap. 1), Schweigen und Verstummen (Kap. 3), ausgedehnte Gerichtsorakel (Kap. 4–24), abrupte Wendepunkte zur Hoffnung (Kap. 33–39) und schließlich sorgfältig abgewogene Visionen eines erneuerten Heiligtums und Landes (Kap. 40–48). Diese Abschnitte lösen nicht das Vorherige auf, sondern verstärken die Instabilität göttlicher Gegenwart und menschlicher Verantwortung.

Die Struktur des Buches spiegelt wider, was sein Inhalt erzählt: Bruch, Rückzug, Rückkehr und Unvorhersehbarkeit. Die zentralen Kapitel (10, 24, 33 und 37) dienen nicht als fließende Übergänge, sondern als theologische Brüche. Sie unterbrechen den rhetorischen Fluss und erfordern eine ethische und liturgische Neubetrachtung. Sie sind Schwellen, keine Schlussfolgerungen.

Strukturelle Tropen: wenn Architektur zur Theologie wird

Die Architektur des Ezechiel, sowohl literarisch als auch räumlich, ist selbst theologisch. Ihre strukturellen Mittel sind nicht bloß ornamental, sondern performativ:

Eröffnungs- und Schlussvisionen (Kap. 1 und Kap. 40–48): Von beweglicher Herrlichkeit zu statischen Messungen, eine Bewegung von göttlicher Annäherung zu göttlicher Abgrenzung.

Wiederholte Refrains ("Dann werden sie wissen, dass ich JHWH bin"): Kein Abschluss, sondern ein Refrain der aufgeschobenen Anerkennung.

Chiasmen und Echos: der Zusammenbruch wird nicht als Endgültigkeit, sondern als Umkehr und Neuausrichtung dargestellt.

Auf diese Weise fungiert das Buch als eine Art textliches Heiligtum. Es beginnt mit der göttlichen Präsenz im Exil und endet mit einer kartierten Vision des neu geordneten Raums. Dies ist nicht bloß literarische Kunstfertigkeit, sondern liturgische Choreografie. Die Schriftrolle löst das Trauma nicht auf, sie vertraulich es und bewahrt die göttliche Absicht durch die Form.

Anders als die interaktiven prophetischen Auseinandersetzungen Jesajas (mit Königen) oder der emotionale Dialog Jeremias (mit Gott) lehnt Ezechiels Prophezeiung jede Unmittelbarkeit ab. Seine Rede ist von göttlicher Diskretion geprägt, nicht von rhetorischen Mitteln. Wie es in Ezechiel 3,26–27 heißt: "ich werde deine Zunge am Gaumen kleben lassen … aber wenn ich mit dir rede, werde ich deinen Mund öffnen." Dieser kontrollierte Sprechakt signalisiert einen Wechsel von der Echtzeit- Überredung zur archivierten Prophezeiung; er zielt nicht darauf ab, sofortige Reue hervorzurufen, sondern das Gericht zu überstehen.

Ezechiel erscheint somit als Prophet ohne Publikum, jedoch mit theologisch aufgeladenem Schweigen. Sein erzwungenes Schweigen ist kein Makel, sondern Strategie. Es verwandelt die Schriftrolle in einen Speicher aufgeschobener Bedeutung, ein Archiv in Bewegung, das auf zukünftige Begegnungen wartet.

Und dies führt eine entscheidende Ergänzung zum kommunikativen Schema ein: den Leser. Wo die Sprache das ursprüngliche Publikum nicht erreichte, wendet sie sich nun direkt an den Leser, nicht als neutralen Zuschauer, sondern als Erbe der Last und der Möglichkeiten der Schriftrolle. Interpretation wird zum Akt der Beantwortung einer Nachricht, sobald diese unterbrochen ist. Der Leser wird zum neuen Teilnehmer eines Dramas, das nie abgeschlossen war.

Im Klassenzimmer: Visualisierung theologischer Formen

Dieses Kapitel lädt zu pädagogischen Ansätzen ein, die die Aufmerksamkeit auf die Form als Inhalt lenken.

Übung zur Strukturabbildung: Lassen Sie die Schüler den rhetorischen Fluss des Buches anhand seiner drei Haupteinheiten (Urteil, Übergang, Wiederherstellung) verfolgen und dabei darauf achten, wo Übergänge ins Stocken geraten oder implodieren.

Rekonstruktion des Publikums: Teilen Sie kleine Gruppen ein, um die rhetorische Richtung zu skizzieren: Wer wird angesprochen, wer hört zu, wer antwortet? Wie ändert sich dies zwischen den Kapiteln 4, 12 und 33?

Predigteinblicke: wenn die Form den Abschluss verweigert

Ezechiel zu predigen bedeutet, aus einer unfertigen Struktur heraus zu predigen. Die Schriftrolle lehrt uns, dass göttliche Sprache nicht immer linear oder überzeugend ist; sie kann stattdessen sei konserviert, inszeniert, oder gemessen. Der der Prediger steht nicht als Interpret einer bestimmten Bedeutung da, sondern als Zeuge eines heiligen Plans in Verfahren.

Ezechiel ist ein Homiletik Beispiel für den Aufbau ohne Ankunft. Seine Schriftrolle endet nicht mit der gemeinschaftlichen Wiederherstellung, sondern mit der göttlichen Gegenwart namens "JHWH *Schamma*".

Dies ist keine Predigt der Lösung, sondern des heiligen Gerüsts: Vertrauen, das auf Schweigen aufbaut, Pläne, die im Exil geschmiedet werden, und Hoffnung, die im unbewohnten Raum gemessen wird.

Kapitel 5
Ezechiel Passage für Passage lesen

Aufbauend auf der Untersuchung der theologischen Verschiebung und der zersplitterten Publikumsdynamik in den vorhergehenden Kapiteln liest dieses Kapitel Ezechiel Abschnitt für Abschnitt, um der Spannung, Verzögerung und theologischen Dringlichkeit Rechnung zu tragen, die in seine Architektur eingebaut sind.

Ezechiel tut nicht kommunizieren mit einer reaktionsfähigen Gemeinschaft. Seine prophetische Welt ist nicht dialogisch, sondern hütend. Göttliche Worte werden gesprochen, nicht um in Echtzeit empfangen zu werden, sondern um aufgezeichnet, bewahrt und schließlich erinnert zu werden. Was wie eine rhetorische Verfremdung erscheinen mag, ist in Wirklichkeit eine bewusste theologische Strategie: eine verzögerte Kommunikation, die die Autorität der Schriftrolle vor der Instabilität ihrer menschlichen Empfänger schützt.

Dieses Kapitel beleuchtet nicht nur das Thema der Verzögerung, sondern untersucht auch, warum ein solcher Aufschub so entscheidend ist. Es bietet eine überzeugende Antwort auf der Grundlage der in Levitikus 26 dargelegten Bundesprinzipien, die für die H-Tradition von zentraler Bedeutung sind. Levitikus 26 beschreibt die Reise vom Exil zur Wiederherstellung nicht als plötzliche Rückkehr, sondern als einen Prozess, der moralische Reflexion, gemeinsames Bekenntnis und göttliche Erinnerung beinhaltet. Das Buch Ezechiel passt diese Theologie seinem eigenen Kontext an. Das

Exil ist bereits Realität; daher lautet die drängende Frage nicht mehr, wann die Wiederherstellung erfolgt, sondern wie wir verhindern können, erneut in Verzweiflung zu verfallen.

Daher lesen wir in Kapitel 5 die Passagen Ezechiels nicht nur als traumatische Reaktionen, sondern als Blaupausen für Resilienz. Das Buch Ezechiel ist voller architektonischer Visionen, Verhaltensbe-schränkungen und räumlicher Neugestaltungen, die nicht eine Rückkehr in die Vergangenheit feiern sollen, sondern zu der Zukunft sichern. Die Schriftrolle wird zum kleinen und vorübergehenden Heiligtum, das JHWH in 11:16 versprochen hat, kein Ort der Anbetung, sondern ein Gedächtnispalast der Heiligkeit, der dazu bestimmt ist, einem Rückfall zu widerstehen.

Um eine intensive Auseinandersetzung mit jeder Einheit des Buches Ezechiel zu ermöglichen, folgt dieses Kapitel einer wiederkehrenden Struktur über alle Abschnitte hinweg: Literarische Zeit, kommunikativer Fluss, Symbole und Schlüsselwörter, Form und Genre, Thematische Funktionen, im Klassenzimmer und Erkenntnisse aus der Predigt. Dieser Rahmen lässt sowohl literarische Nuancen als auch theologische Resonanzen ans Licht kommen und lädt neben der pädagogischen und seelsorgerischen Anwendung auch zu wissenschaftlichen Analysen ein.

Ezechiel 1–3: Prophezeiung ohne Antwort

Ezechiel 1–3 öffnet mit kosmischem Bruch. Der Prophet plädiert nicht oder protestieren; er sieht. In einer Sturmwagen-Theophanie bricht die göttliche Präsenz ins Exil aus, nicht um die Vertriebenen zu trösten aber zu Wehrpflichtiger ein Bote hinein eine Mission der verzögerten Rezeption. Diese Kapitel bilden eine Schwelle, nicht nur für Ezechiels Wirken, sondern auch für die interpretative Orientierung des Lesers. Von Anfang an untergräbt das Buch die Erwartungen an die Prophezeiung als Dialog und schlägt stattdessen eine visionszentrierte, körpervermittelte und texterhaltende Interpretation vor. Berufung.

Literarische Zeit

Ezechiels Visionen entfalten sich nicht in linearer Zeit. Vielmehr bilden sie ein Netz theologischer Offenbarungen, deren Bedeutung oft verschwiegen, neu geordnet oder erst im Nachhinein enthüllt wird. Dies ist nicht nur eine Funktion der Chronologie, sondern eine literarische Strategie der verzögerten Erkenntnis, die die Beteiligung des Lesers an der Rekonstruktion der Ordnung göttlicher Kommunikation erfordert.

Ein Schlüsselbeispiel findet sich in der Eröffnungsvision von Ezechiel 1. Dort erlebt der Prophet eine schockierende Theophanie: einen Sturm, eine feurige Wolke und den von hybriden Lebewesen getragenen göttlichen Thron, der nicht auf Zion, sondern am Kebar-Kanal herabsteigt. Dieser bewegliche Thron, der zwar betont herrlich, aber räumlich deplatziert ist, erscheint ohne Erklärung. Es wird keine kontextuelle Begründung dafür gegeben, warum die göttliche Herrlichkeit ihren erwarteten Ort verlassen hat. Die Vision erscheint explosionsartig in Sichtweite, doch ihre Bedeutung bleibt ungeklärt.

Nur ein Jahr später, in Ezechiel 8–11, kehrt die Erzählung nach Jerusalem zurück. In dieser Vision, die auf das sechste Jahr nach Beginn des Exils datiert wird (vgl. 8,1), beginnt sich das Geheimnis zu lösen. Im Tempel selbst wird der Prophet Zeuge götzendienerischer Riten, korrupter Führung und zunehmender Gräueltaten. Ezechiel 10 beschreibt, wie sich der Thron aus Ezechiel 1 aus dem Allerheiligsten erhebt und nach Osten entschwebt. Was einst im Mysterium verborgen lag, wird nun in Bewegung gesetzt: kein zufälliger Ausbruch, sondern eine Reaktion auf einen Bruch des Bundes.

Auf diese Weise erhält die göttliche Theophanie in Ezechiel 1 ihren Interpretationskontext erst im Nachhinein. Was zunächst als unangekündigte Herrlichkeit erscheint, wird im Nachhinein als göttlicher Rückzug verständlich. Der Text vollzieht somit eine Art theologische Rückschau und fordert den Leser auf, zur früheren Vision zurückzukehren und sie unter Berücksichtigung der späteren Offenbarung neu zu interpretieren. Die Offenbarung in Ezechiel ist nicht bloß sequenziell, sondern rekursiv.

Zusammenfassend lässt sich sagen, dass die Zeitstruktur von Ezechiel den Leser nicht sanft durch die einzelnen Stufen des Verständnisses führt. Sie schockiert zunächst und erklärt später. Die Vision von Ezechiel 1 fungiert nicht als Einführung, sondern als Provokation; ihre theologische Kohärenz bleibt verborgen, bis die retrospektive Logik der Kapitel 8–11 die göttliche Mobilität als urteilende Abkehr neu kontextualisiert. Durch diesen disjunkten Rhythmus – zuerst die göttliche Gegenwart, dann das Verlassen des Tempels – lehrt die Schriftrolle ihre Leser nicht nur, was Gott tut, sondern auch, wie geduldig die göttliche Bedeutung erkannt werden muss. Was zuerst in der Herrlichkeit gesehen wird, muss in der Trauer erneut gesehen werden. Was in der Vision aufbricht, muss schweigend ertragen werden, bevor es in der Erzählung verstanden wird.

Kommunikativer Fluss

Gott spricht, aber nicht zu Israel. Die Eröffnungssequenz ist vertikal strukturiert: die göttliche Stimme erklingt, der Prophet wird ergriffen, doch niemand sonst hört. JHWH beauftragt Ezechiel, warnt ihn vor den verhärteten Herzen, denen er begegnen wird, und bringt ihn präventiv zum Schweigen (3,26). Dieser Ansatz ist nicht der Überzeugungsarbeit verpflichtet, sondern verkörpert eine Theologie der Entfremdung. Kommunikation findet statt, aber sie ist falsch ausgerichtet: JHWH zu Ezechiel, dann Ezechiel zu einem zukünftigen Publikum, mit Bedeutung, die sich noch entfalten muss. Die Schriftrolle ist nicht beabsichtigt zu ändern Köpfe, aber eher zu Aufschlag als ein erhaltener Zeuge.

Form und Genre

Die literarische Komposition von Ezechiel 1–3 offenbart ein komplexes Zusammenspiel verschiedener Genres, insbesondere einer Thronvision (Kap. 1), einer Auftragserzählung (Kap. 2 und 3) und einem Element rituellen Schweigens (Kap. 3). Diese facettenreiche Genremischung bereichert nicht nur die theologische Tiefe des Textes, sondern unterstreicht auch die einzigartige Rolle des Propheten und die Natur seines göttlichen Auftrags. Ezechiels Begegnung spiegelt Jesajas Tempelvision und Jeremias Berufung wider, ist aber in ihrer sinnlichen Dimension unübertroffen. Die Schriftrollenvision ist literarisch Hybridität bei es ist Höhepunkt, der priesterliche Liturgie, apokalyptische Symbolik und prophetische Furcht vereint. Ezechiel ist weniger ein aktiver Akteur als vielmehr ein Gefäß, überwältigt und beseelt von der göttlichen Gegenwart.

Symbole und Schlüsselwörter

Der Streitwagen (*Merkawa*) in Ezechiel 1 ist kein Transportmittel, sondern ein mobiler Thron, der göttliche Souveränität, Mobilität und kosmische Kontrolle darstellt. Es steigt herab, statt aufzusteigen, und zeugt von göttlicher Initiative und disruptiver Präsenz. Statt sich der anthropozentrischen Geometrie anzupassen, zeigt die göttliche Mobilität Nichtlinearität, Gleichzeitigkeit und multidirektionale Bewegung und widersetzt sich jedem einzelnen Bewegungsrahmen oder Sinn. Die zusammengesetzte Struktur der *Merkawa* weckt Geheimnisse: Ihre thronähnliche Form stellt JHWH nicht einfach als jemanden dar, der sitzt, sondern als einen in Bewegung thronenden Menschen, der in Bewegung herrscht, souverän und doch ungebunden.

Die Räder "voller Augen [ʿeynayim] ringsum" (1:18) symbolisieren die göttliche Allwissenheit und dienen zugleich als vorausschauender Spiegel von Ezechiels eigener prophetischer Berufung. Der Prophet muss nicht nur sehen, sondern selbst sehen, Wachsamkeit in Person werden. Die Vielzahl der Augen destabilisiert jede Vorstellung von starrer Überwachung; stattdessen wirkt die Vision allumfassend und macht den Propheten ethisch und wahrnehmungsmäßig verantwortlich.

Die Schriftrolle (*megillah*), die Ezechiel erhält (2:9– 3:3), ist süß wie Honig und gefüllt mit "Klage und Trauer und Weh" (2:10). Es ist zu sei verbraucht, nicht verkündet, ein verinnerlichter Text, der den Propheten paradoxerweise auf die Rede vorbereitet, indem er ihn zunächst zum Schweigen bringt. Die Schriftrolle ist daher ein performatives Paradoxon: Sie enthält Rede, aber spricht nur durch Verdauung; es wird innerlich gelesen, nicht laut. Dies weist auf eine Theologie der verkörperten Offenbarung hin, in der das göttliche Wort prophetisch werden muss Fleisch.

Schon in seiner ersten Vision stellt das Buch Ezechiel die göttliche Präsenz durch widersprüchliche Metaphern dar, gebieterisch und doch zurückhaltend, vertraut und doch unnahbar. Was als syntaktische oder grammatische Inkonsistenz erscheinen mag, ist in Wirklichkeit ein Zeichen für den Widerstand des Textes gegen eine stabile anthropomorphe Darstellung. Diese Ablehnung beginnt bereits in der ersten Theophanie, wo sich die sprachlichen Strukturen selbst einer binären Zuordnung widersetzen.

In Ezechiel 1–2 treten grammatische Unstimmigkeiten auf: Weibliche Subjekte werden mit männlichen Verben gepaart und umgekehrt. Dabei handelt es sich nicht um Fehler, sondern um sprachliche Signale eines theologischen Übermaßes. Wie Feuer und Eis nebeneinander existieren, ohne sich gegenseitig aufzuheben, oder Lebewesen sich bewegen, ohne sich zu drehen, während sich die Räder in eine der vier Richtungen drehen (1:12, 1:17), so wird die göttliche Präsenz durch ein Paradoxon dargestellt. Sie ist gleichzeitig gerichtet und ungerichtet, beweglich und thronend, gebieterisch und doch schweigsam. Ezechiels eigene Berufung spiegelt diese Spannung wider. Ihm wird gesagt, er solle zugleich "verkünden" und "die Tür schließen", er solle als Wächter stehen bleiben, während er sich mit dem Geist bewegt. Diese Widersprüche sind keine Fehler, sondern wesentliche Merkmale der Vision, die eine Realität dramatisieren, die die menschliche Dimension übersteigt.

Der Text lädt uns ein, dies als absichtliche Desorientierung zu betrachten. So wie sich der dreidimensionale Raum einer vollständigen Darstellung in zwei Dimensionen widersetzt, wird die göttliche Herrlichkeit, die Ezechiel als "Erscheinung des

Abbilds der Herrlichkeit JHWHs" bezeichnet, durch vielschichtige, instabile Bilder beschrieben. Dabei handelt es sich nicht um bloße Metaphern; es sind Versuche, eine Präsenz nachzuzeichnen, die Sprache, Geschlecht und Raum übersteigt. Das Ergebnis ist nicht theologische Inkohärenz, sondern eine Form der Offenbarung, die durch Bruch offenbart. Der Prophet beherrscht die Vision nicht; er wird von ihr zunichte gemacht und wird zu ihrem Gefäß statt zu ihrem Interpreten.

Thematische Funktionen

Heiligkeit nimmt eine dynamische Qualität an; die Sprache wird unnachgiebig. Statt sich auf missionsorientierte Prophezeiung zu konzentrieren, stellt Ezechiel 1-3 die Berufung vor, ohne eine Reaktion des Publikums zu erwarten. JHWH stellt klar: "Sie werden nicht hören … aber sie werden erkennen, dass ein Prophet unter ihnen war" (2,5; 3,7). Diese Erklärung definiert prophetischen Erfolg neu als die erkennbare Gegenwart des Göttlichen, selbst angesichts von Ablehnung, anstatt die Menschen einfach zur Reue zu führen. Das Schweigen der Menschen ist daher kein Zeichen von Versagen. Prophezeiung verwandelt sich in Beweise statt in Argumente; sie verkörpert Präsenz statt Überzeugung.

Im Klassenzimmer

Dieser Abschnitt bietet zahlreiche Möglichkeiten zur Umsetzung multisensorischer Pädagogik:

Visuelle Theophanie: Schüler können sich an einem kreativen Projekt beteiligen, indem sie einen Streitwagen zeichnen oder bauen. So können sie tiefgründige theologische Themen wie Mobilität, Mysterium und göttliche Souveränität erforschen und reflektieren. Diese praktische Aktivität regt sie dazu an, abstrakte Konzepte greifbar zu visualisieren und zu verinnerlichen.

Stille in der Aufführung: in einer dynamischen Inszenierung kann ein Schüler die Zeilen von JHWH sprechen, während ein anderer Schüler Ezechiel verkörpert. Er bewahrt tiefes Schweigen und hält dennoch eine Schriftrolle in der Hand, die die Bedeutung der prophetischen Botschaft verdeutlicht. Diese Gegenüberstellung von Sprechen und Schweigen kann das Verständnis der Rollen und Beziehungen zwischen Gott und Prophet vertiefen.

Initiationsritual: das bewusste siebentägige Schweigen des Propheten (Ezechiel 3,15) kann als symbolische Darstellung priesterlicher Schwellenhaftigkeit interpretiert werden und greift Themen aus Levitikus 8,33 auf. Diese Einordnung positioniert Ezechiel nicht nur als Boten, sondern auch als rituell schwebenden Fürsprecher und unterstreicht die Komplexität seiner Rolle innerhalb der heiligen Erzählung. Diese Auseinandersetzung lädt die Studierenden ein, über die transformative Kraft des Schweigens und die tieferen spirituellen Implikationen von Ezechiels Erfahrung nachzudenken.

Predigteinblicke

Ezechiels Ruf beginnt nicht im Tempel, sondern in das Land der Zwangsvertreibung. JHWH erscheint nicht in Zion, sondern am Kebar-Kanal, einem unreinen Ort unter den Verbannten. Das ist der erste Skandal: dass die Herrlichkeit Gottes nicht auf den Thron in Jerusalem herabsteigt, sondern unter die Deportierten, auf fremden Boden. Für den modernen Prediger stellt dies eine radikale Herausforderung dar: Können wir auf Gottes Gegenwart an den Orten vertrauen, an denen wir gelernt haben, mit ihrer Abwesenheit zu rechnen?

Ezechiel wird nicht als öffentlicher Redner berufen, sondern als fassungsloser Beobachter, gelähmt von Visionen, überwältigt von Ruhm und verstummt durch Befehle. Er wird zum Propheten ernannt, sobald ihm der Mund versagt. Er soll zu Menschen sprechen, die nicht hören wollen, und doch wird ihm befohlen, die Schriftrolle zu sich zu nehmen. Die prophetische Aufgabe beginnt also nicht mit Worten, sondern mit der körperlichen Verarbeitung, mit der Verinnerlichung von Urteil und Klage.

In Ezechiel 1–3 wird die Predigt nicht als überzeugende Verkündigung, sondern als treue Versetzung neu definiert. Der Prediger wird nicht sofort gesandt, um zu verkünden, sondern zuerst, um vernichtet zu werden, um dort zu sitzen, wo die Verbannten sitzen (vgl. 3,15), und zu tragen das Gewicht von einer Nachricht nein einen Mai glauben. In diesem Raum wird der Dienst nicht zu einer Darbietung von Antworten, sondern zu einer Verwaltung der göttlichen Fremdheit, einer Bereitschaft, sich im Wort zu vertiefen, bevor man überhaupt spricht es.

Ezechiel zu predigen bedeutet, in eine Phase theologischer Verzögerung einzutreten: im Vertrauen darauf, dass die Schriftrolle mit der Zeit geöffnet, ist Stille nicht die Abwesenheit von Berufung, sondern ihre Entstehungsform. Die Dringlichkeit des Propheten wird nicht an der Lautstärke gemessen, sondern an seiner Präsenz. In Ezechiel 1–3 werden wir dazu eingeladen, darüber nachzudenken, dass göttliche Berufung beginnen im Exil, bleiben unbeantwortet und sind immer noch heilig.

Ezechiel 4–7: der Weg zum Ende

Ezechiel 4-7 Markierungen die des Propheten Erste aufgezeichneten Empfang des göttlichen Befehls für öffentliches Handeln. Bemerkenswerterweise schweigt der Text jedoch darüber, ob diese Aufführungen waren, ausgeführt oder wie Sie war empfangen. Statt eines echten öffentlichen Engagements veranschaulicht Ezechiel 4–7 daher den vorgesehenen Akt der Prophezeiung, indem er die göttliche Absicht verkündet, anstatt sie zu übermitteln.

Literarische Zeit

Anders als in Ezechiel 1–3 fehlen in dieser Einheit explizite Datumsangaben, was einen Moment der zeitlichen Schwebe erzeugt. Da sie jedoch unmittelbar auf die datierte Eröffnungsvision (1,1–3,15) folgt, sind die prophetischen Handlungen in Ezechiel 4–7 implizit in derselben frühen Phase von Ezechiels Wirken angesiedelt. Das Fehlen neuer Daten signalisiert eine Art eingefrorene prophetische Zeit, eine anhaltende Gegenwart, in der die frühesten Urteile sichtbare Gestalt annehmen, jedoch ohne narrative Bewegung. Die Bedeutung der göttlichen Warnung wird stärker, ist aber noch nicht aufgelöst.

Diese zeitliche Aussetzung dient einer literarischen Funktion: Sie erzeugt Druck. Ezechiel 4–7 setzt den Antrittsauftrag nicht einfach fort, sondern steigert ihn. Die dramatischen Zeichenhandlungen des Propheten, seine Untergangspropheten und seine Aufzählungen des nationalen Zusammenbruchs führen zu einem narrativen und theologischen Crescendo, dass in der visionären Detonation von Ezechiel 8–11 aufbrechen wird. In diesem späteren Abschnitt wird Ezechiel nach Jerusalem versetzt, wo die Quelle des göttlichen Zorns endgültig enthüllt wird: Gräueltaten im Tempel, Korruption unter den Führern und der schockierende Verlust der Herrlichkeit JHWHs.

Aus der Perspektive des Lesers wirken Ezechiel 4–7 wie die sich zuspitzende Spirale einer erzählerischen Feder. Der Text steigert die Spannung durch Steigerung. Er steigert sich zu einem stillen Höhepunkt und bereitet den Weg für die explosive Vision in Ezechiel 9, wo das Gericht beginnt, und Ezechiel 10, wo der Thronwagen den Tempel verlässt. Obwohl diese Kapitel nicht visionärer Natur sind, dienen sie als theologisches Sprungbrett für das Folgende.

Literarisch gesehen fungieren Ezechiel 4–7 als die Ruhe vor dem Sturm, Ruhe nur in der Struktur, nicht im Ton. Ihr undatierter Status verbirgt ihre Dringlichkeit, auch wenn sie das früheste Urteil der Schriftrolle zu seiner entscheidenden Enthüllung tragen. Das Ergebnis ist eine Einheit, die sich schwebend und doch voller Bewegung anfühlt und nicht mit Geschwindigkeit, sondern mit Gewicht vorwärtsdrängt.

Kommunikativer Fluss

Ezechiels prophetisch Kommission entfaltet durch eine Serie von asymmetrisch Börsen zwischen JHWH und der Prophet, was man Kommunikation ohne Antwort nennen kann, und doch nicht ohne Gemeinschaft.

In Ezechiel 4–5 heißt es: JHWH-Probleme eine Serie von präzise, performativ Befehle: Bauen Sie eine Miniatur-Belagerungsszene aus Ziegeln und Eisen (4:1–3); liegen an sein links und Rechts Seiten für ein genau Anzahl der Tage (4:4–8); essen Sie rationiertes Brot, das zunächst über menschlichem Dung gekocht wurde (4:9–17); und rasierte sein Haupt und teilte das Haar durch

58

Feuer, Schwert und Streuung, wobei nur wenige Strähnen übrigblieben (5:1–4).

Diese Gesten sind nicht lediglich symbolisch; Sie sind kommunikative Akte, die das göttliche Urteil auf den Körper des Propheten übertragen. Sie dramatisieren Belagerung, Hunger, Scham, und Exil. Noch dort ist NEIN erwähnen von einem Publikum. Die Leistung ist gegeben, aber nicht erhalten am wenigsten nicht sichtbar. Ezechiel wird sowohl zum Boten als auch zur Botschaft, ein stiller Überbringer des göttlichen Zorns, der vor einem abwesenden oder nicht reagierenden öffentlich.

Und doch ist Kommunikation nicht einseitig. In 4,14 unterbricht Ezechiel: "Ach, Herr, HERR! Siehe, ich habe mich nie verunreinigt ..." Dieser kurze Protest gegen das Kochbrennmaterial erinnert den Leser daran, dass der Prophet keine stumme Marionette ist. Er widersetzt sich. Er modifiziert. Und bemerkenswerterweise gibt HERR nach und ersetzt menschliche Exkremente durch Kuhdung (4,15). Dieser Moment, so kurz er auch sein mag, zeigt, dass göttliche Kommunikation im Exil Verhandlungen beinhaltet. Das Theater ist nicht stimmlos; es beinhaltet Kampf.

In Ezechiel 6–7 kommt es zu dramatischen Veränderungen in Ton und Form. Der Prophet verschwindet als Figur, und die Stimme JHWHs beherrscht die Bühne: "Sie sollen erkennen, dass ich JHWH bin." (6:7, 10, 13 usw.)

Die Sprache wird orakelhaft und iterativ, gefüllt mit Refrains von göttlich Erkennung, Urteil, und Zerstörung. Diese Monologe zeichnen sich durch rhetorische Intensität und literarische Geschlossenheit aus, doch auch hier wird kein explizites menschliches Publikum gezeigt, das reagiert. Die Kommunikation wird hier gesättigt, aber nicht wahrgenommen, ein göttlicher Monolog, der in die Ruinen.

Zusammen, Ezechiel 4–7 Geschenke ein prophetischer Modus, in dem Kommunikation stattfindet, nicht vorausgesetzt. Sie ist performativ, umstritten und oft einseitig. Ezechiels Protest in Kapitel 4, die taktil das Ritual der Haarteilung in Kapitel 5 und die unerbittlichen Erklärungen in den Kapiteln 6–7 zeugen alle von einer theologischen Welt, in der sich das Wort bewegt, auch wenn niemand hört.

Form und Genre

Die Passage vermischt symbolische Handlung und gesprochenes Orakel: Zeichenhandlungen dominieren die Kapitel 4 und 5, wie die Ziegelsteinbelagerung, Körperhaltungen und rituelle Schändung. Orakelformen tauchen in den Kapiteln 6 und 7 wieder auf, darunter Bundesprozesse (6,1–10) und Klagelieder (7,1–27). Diese hybride Struktur verwischt die Grenzen zwischen Prophezeiung und Theater, in dem das Gericht ebenso geprobt wie verkündet wird.

Symbole und Schlüsselwörter

In Ezechiel 4–5 werden eine Reihe verkörperter Zeichen verwendet, die als symbolische Inszenierungen des nationalen Gerichts fungieren. Jede Handlung erinnert an die Symbolik des Bundes und trägt zu einem kumulativen Bild des Zerfalls bei.

Der Prophet wird zunächst angewiesen, Jerusalem auf einen Ziegelstein zu zeichnen und eine eiserne Pfanne zwischen sich und die Stadt zu stellen (4:1–3), um sowohl die bevorstehende Belagerung als auch die göttliche Undurchdringlichkeit zu symbolisieren, die JHWH nun vom Volk trennt. Dann legt er sich auf die Seite (390 Tage für Israel und 40 für

Judäa [4:4–8]) und trägt so bildlich die Dauer der Schuld jedes Königreichs. Das rationierte Brot und das unreine Brennmaterial (4:9–15) verdeutlichen die extreme Knappheit und die rituelle Befleckung des Exils. Schließlich schneidet Ezechiel in einer scharfen Geste der Zersplitterung des Bundes sein Haar mit einem Schwert ab und teilt es in drei Drittel: eines wird verbrannt, eines verstreut und eines wird kurz behalten, bevor auch dieses ins Feuer geworfen wird (5:1–4). Jede Körperbewegung des Propheten wird selbst zu einem prophetischen Text.

Diese Zeichen sind nicht willkürlich. Sie spiegeln die Warnungen des Bundes in Levitikus 26 und Deuteronomium 28 wider, wo Ungehorsam zu Hunger, Niederlage, Schändung und Exil führt. In Ezechiels Darstellung wird der Körper zur Bühne, auf der der nationale Zusammenbruch vorhergesagt und nicht nur beschrieben, sondern inszeniert wird.

Thematische Funktionen

Durch Ezechiels bewegungsunfähigen Körper und seine entstellenden Aufgaben, JHWH kommuniziert die irreversiblen Kosten der Aufgabe des Bundes. Die symbolischen Handlungen sind keine illustrativen, sondern destruktive Darbietungen, die darauf abzielen, die verbleibende Nostalgie des exilierenden Publikums für Jerusalem zu durchbrechen.

Das Schicksal der Haare des Propheten in 5,1–4 – verbrannt, geschlagen, zerstreut und ein Rest ins Feuer geworfen – spiegelt mehr als nur politischen Zerfall wider. Es signalisiert theologische Verzweiflung: Selbst die Verschonten werden vernichtet. Es gibt keine eindeutige Kategorie von "Überlebenden". Indem wir Ezechiel hinein beide ein Zeichen und ein Ort von Verwüstung, die Text desorientiert Hoffnungen auf

Wiederherstellung oder Überbleibsel Sicherheit in naher Zukunft.

Diese Desorientierung spitzt sich in Ezechiel 7 zu und erreicht ihren endgültigen Höhepunkt. Dort fungiert die wiederholte Erklärung "das Ende ist gekommen … das Ende ist gekommen" (7:2–6) als liturgischer Antiklimax und widerspricht jeder Erwartung, dass dies Urteil ist eine bloße Folge. Der Rhetorik kündigt keine zyklische Bestrafung an, sondern einen unumkehrbaren Abschluss, eine theologische Trennung ohne Rückfahrkarte. Anders als in früheren prophetischen Zyklen, in denen Zerstörung in Hoffnung mündet, hier der Refrain intensiviert: "das Ende hat kommen" ist kein Übergang; es ist die Finale.

In Ezechiel 4–7 lädt der göttliche Zorn nicht zur Lösung ein aber Forderungen Abrechnung. Der Prophet ist gemacht, um diese Abrechnung zu verkörpern (gelähmt, ausgehungert und rasiert), nicht um die Erinnerung wiederherzustellen, sondern um die sentimentale Erinnerung auszulöschen insgesamt.

Im Klassenzimmer

Bitten Sie die Schüler, Ezechiels symbolische Taten in der Zeitleiste von Ezechiels Deportation bis zum Fall Jerusalems (597–586 v. Chr.) darzustellen. Wann begann die Belagerung? Wann wurde der Tempel zerstört? Wie tut die Dauer von Ezechiels liegen runter überschneiden sich mit diesen nationalen Traumata?

Verteilen Sie Rollen für eine dramatische Lesung: JHWH, Ezechiel und eine stille, beobachtende Menge. Ermutigen Sie die Schüler, das Ungleichgewicht von Macht und Stimme zu bemerken: Wer spricht? Wer hört zu? Wer reagiert? Lassen Sie das Schweigen von die "Publikum" werden ein Raum von interpretierend Spannung statt Abwesenheit.

Leiten Sie die Schüler an, jede Handlung als theologische Aussage zu interpretieren. Was bedeutet es, rationierte Lebensmittel zu essen und gleichzeitig Dung als Brennstoff zu verwenden? Welche Emotionen entstehen, wenn man ein Urteil fällt, ohne darauf zu reagieren?

Weisen Sie jedem Schüler die Rolle einer Haarsträhne von Ezechiel zu (vgl. 5:1-4): eine, die verbrannt werden soll, eine, die mit dem Schwert erschlagen wird, eine, die in den Wind zerstreut wird, eine, die im Falten von der Robe, eins später geworfen hinein die Feuer. Bitten Sie sie, aus dieser Position heraus zu sprechen oder zu schreiben: wie fühlt es sich an, verschont und dennoch gefährdet zu sein? Wie fühlt sich ein Urteil an, das nicht unterscheidet? Was passiert Wann Du Sind Teil von einem Rest jetzt, nur um bald wieder in die Zerstörung geworfen zu werden?

Diese verkörperte Übung ermöglicht es den Studierenden, sich mit der theologischen Mehrdeutigkeit von Ezechiels Handlungen auseinanderzusetzen, indem sie diese nicht nur als Symbole interpretieren, sondern sich mit ihrer Desorientierung auseinandersetzen. Das Unterrichten von Ezechiel 4–7 durch dramatische und empathische Einsichten eröffnet Raum für theologische Auseinandersetzung und prophetische Vorstellungskraft im Exil.

Predigteinblicke

Ezechiel 4–7 konfrontiert Prediger mit einem Paradox: wie verkündet man die Botschaft des "Endes", ohne der Verzweiflung zu verfallen? Der Refrain von Kapitel 7 ("das Ende ist gekommen, das Ende ist gekommen über die vier Ecken des Landes" [7,2]) ist liturgisch streng und theologisch endgültig. Doch die

Predigt über diese Passage erfordert nicht, Hoffnungslosigkeit auszusprechen. Vielmehr erfordert sie eine mutige homiletische Transformation: das Ende so zu benennen, dass es den Beginn von etwas Heiligem vorbereitet.

Für Ezechiel ist "das Ende" nicht nur chronologisch, sondern theologisch. Es signalisiert den Zusammenbruch von Illusionen, falscher Hoffnung, fehlgeleiteter Nostalgie und überkommenen Anspruchsdenken. Dieser Zusammenbruch schafft Raum nicht für billigen Trost, sondern für eine ehrliche Abrechnung. Der Prediger von heute ist in ähnliche Räume spiritueller Apathie und kultureller Verleugnung gerufen und muss mit einer Stimme sprechen, die den Widerstand durchbricht – nicht um zu dominieren, sondern um aufzurütteln.

Diese Predigt beruht nicht auf Überzeugung, sondern auf der treuen Verkörperung der göttlichen Wirklichkeit. Die Schriftrolle mag jetzt nicht vom Publikum entgegengenommen werden, aber der Prediger muss sie dennoch verarbeiten. Ezechiel 4–7 zu verkünden bedeutet, zu wagen zu sagen, dass Gott (Götzendienst, Verleugnung, Verrat) beendet hat, was nicht fortbestehen darf, damit die Erneuerung des Bundes nicht aus der Erinnerung, sondern aus dem Feuer entstehen kann.

In dieser Hinsicht bietet Ezechiel 6,9 einen tiefen theologischen Anker. Dort verkündet Gott, dass die ehebrecherischen Augen und Herzen der Menschen zerschmettert werden, sagt aber auch: "Ihr hurerisches Herz zerbrach mich." Dieser Moment gibt dem göttlichen Gericht einen neuen Charakter: nicht als distanzierte Gewalt, sondern als göttlichen Bruch von innen. JHWH zerschmettert nicht von oben, sondern bricht von innen heraus und erträgt Schmerz für ein höheres Ziel.

Aus Ezechiel 4–7 zu predigen bedeutet also, Raum für diese gemeinsame Zerbrochenheit zu schaffen und die Gemeinde zu der Erkenntnis einzuladen, dass das göttliche Gericht nicht Gottes emotionale Abwesenheit ist, sondern Gottes kostspielige Anwesenheit. Und wenn der Prediger dies benennen und den Zuhörern helfen kann, dabei zu verweilen, dann hat die Predigt bereits begonnen, sogar in der Stille, sogar vor der Reaktion.

Ezechiel 8–11: Sehen, was gehen muss

Die Kapitel 8–11 bilden eine dicht verwobene Visionssequenz, einen der theologisch aufgeladensten Abschnitte im Buch Ezechiel. Sie schildert die erschreckende Realität, dass die Herrlichkeit JHWHs, die einst im Jerusalemer Tempel thronte, zu schwinden beginnt. Der Prophet, in Exil, ist transportiert in eine Vision zu Jerusalem, wo er Zeuge einer vielschichtigen Infiltration des Götzendienstes innerhalb des Tempel bezirks wird, die in der göttlichen Entscheidung gipfelt, den Zuflucht.

Literarische Zeit

Nach der undatierten Intensität der Kapitel 4–7 wird die Vision in Ezechiel 8–11 erneut mit einem präzisen Zeitstempel verknüpft: "im sechsten Jahr, im sechsten Monat, am fünften Tag" (8:1).

Diese Vision wird auf das sechste Jahr (591 v. Chr.) datiert, etwas mehr als ein Jahr nach Ezechiels erster Vision (592 v. Chr.) und liegt zwischen der ersten Deportation (597 v. Chr.) und dem endgültigen Fall Jerusalems (586 v. Chr.). Der Moment ist geopolitisch brisant: Judäa steht unter dem Druck Babylons und Ägyptens und sieht sich mit zunehmender innerer

Instabilität und fehlgeleiteten nationalen Hoffnungen konfrontiert.

Doch die literarische Zeitrechnung ist bei Ezechiel nicht einfach chronologisch, sondern theologisch. Was in Ezechiel 8 als neuzeitliche Vision erscheint, ist in Wirklichkeit ein retrospektiver Schlüssel. Wie bereits erwähnt, enthüllt sie endlich die Bedeutung des schockierenden Abstiegs des Thronwagens in Ezechiel 1. Die göttliche Präsenz, die einst unerklärlicherweise über dem Kebar-Kanal erschien (beweglich, strahlend und ungebunden), ist nun wieder in Bewegung. Doch diesmal kommt sie nicht. Sie geht.

Ezechiel 8–11 bilden somit einen Angelpunkt in der zeitlichen Architektur der Schriftrolle. Nach der spannungsgeladenen Stille von Ezechiel 4–7 öffnen sich diese Kapitel mit Visionen. Ezechiel wird in das Herz des Jerusalemer Tempels geführt, oder besser gesagt, hineingezerrt, wo er Zeuge zunehmender Gräuel wird: geheime Kammern des Götzendienstes, rituelle Gewalt und korrupte Führung. Ezechiel 9 explodiert im Gericht, und Ezechiel 10 zeigt, wie die Herrlichkeit JHWHs das innere Heiligtum verlässt. Was als unausgesprochene Drohung begann, wird nun zu einem sichtbaren Bruch.

Dies ist kein Neuanfang, sondern eine verspätete Enthüllung. Die Bedeutung der Theophanie in Ezechiel 1 erschließt sich erst durch die retrospektive Klarheit dieser Einheit. Die literarische Zeit faltet sich zurück: der bewegliche Thron, der den Propheten anfangs verblüffte, offenbart nun seine Logik. Der Leser ist eingeladen, neu zu lesen und neu zu interpretieren. Der göttliche Wagen ist nicht einfach transzendent; er ist richterlich. Seine Beweglichkeit ist nicht zufällig, sondern reaktionsfähig.

Ezechiel 8–11 ist also nicht nur ein visionärer Höhepunkt; es ist ein literarischer Schlüssel. Es rekonstruiert rückwirkend die früheren Visionen der Schriftrolle und etabliert einen neuen Horizont göttlicher Bewegung weg vom heiligen Zentrum, hin ins Exil. Die Aktualität dieser Vision unterstreicht ihre Rolle: Dies ist keine zeitlose Theologie, sondern ein historisch verorteter Bruch. Und sie lässt keinen Raum für Verzögerung. Der Tempel steht noch, aber seine Pracht beginnt zu verblassen.

Kommunikativer Fluss

Die Vision von Ezechiel 8–11 entfaltet sich in einer vielschichtigen Kommunikationsstruktur, die zunächst intim beginnt und sich schließlich weit ausweitet. JHWH ist der eigentliche Absender der Botschaft und leitet eine visionäre Sequenz ein, die zugleich eindringlich und aufschlussreich ist. Ezechiel, der prophetische Bote, fungiert nicht nur als Sprecher, sondern als voll und ganz in die göttliche Anklage vertiefter Visionär, dessen Körper und Sinne in die göttliche Anklage hineingezogen werden.

Zunächst scheint die Vision ausschließlich an Ezechiel gerichtet zu sein – eine private Offenbarung, die sich entfaltet, während die Ältesten Judas vor ihm sitzen (8,1). Diese Ältesten fungieren als narrative Katalysatoren, bleiben aber visuell passiv; sie sind nicht Zeugen dessen, was Ezechiel sieht. Dadurch entsteht eine ausgeprägte Innen-Außen-Dynamik: der Prophet sieht, nimmt auf und verarbeitet, was andere nicht sehen, doch seine letztendliche Aufgabe ist es, es getreu weiterzugeben.

Am Ende der Sequenz, in 11,25, tut Ezechiel genau das: er berichtet den Verbannten die gesamte Vision und erweitert so ihre Reichweite von der einzelnen prophetischen Gemeinschaft auf die verstreute Gemeinschaft. Das Publikum erweitert sich somit und schließt nicht nur die ursprünglichen Ältesten in Babylon ein, sondern auch die größeren, verstreuten Exilgemeinschaften, die in 11,16–21 angesprochen werden.

In der Vision selbst wird ein weiterer Kontrast zwischen den Bewohnern Jerusalems aufgezeigt. Einige vertrauen auf die Nähe Gottes und interpretieren ihre fortdauernde Anwesenheit im Land als Beweis ihrer Auserwähltheit. Andere fühlen sich im Stich gelassen. Ezechiels Vision gibt diesen Interpretationen einen neuen Rahmen und legt nahe, dass sich die göttliche Präsenz tatsächlich zu verlagern begonnen hat – nicht zum Tempel in Jerusalem, sondern zu den Zerstreuten und Zerbrochenen.

Diese Neuorientierung ist das Herzstück des kommunikativen Flusses: obwohl nur Ezechiel sieht, wie die Herrlichkeit den Tempel verlässt, ist die Botschaft nicht privat. Sie soll die Vertriebenen auf eine neue theologische Geografie vorbereiten, die zwischen Nostalgie und wahrer Hoffnung unterscheidet und letztlich Gottes wiederherstellende Gegenwart unter den Vertriebenen in den Mittelpunkt stellt.

Form und Genre

Ezechiel 8–11 ist als visionäre Erzählung in der ersten Person verfasst, in der der Prophet schildert, wie er "an den Haaren seines Hauptes" (8,3) hochgehoben und nach Jerusalem gebracht wurde. Das Genre ist vielschichtig und verbindet mehrere prophetische und narrative Formen. Es beginnt als Visionsbericht (8,1–3) und entfaltet sich dann als geführter Tempelgang, nicht im Rahmen heiliger Ordnung, sondern einer verborgenen Entweihung (8,5–16), was in starkem

Kontrast zur späteren idealisierten Tempelvision in Ezechiel 40–48 steht. Der Abschnitt steigert sich zu einer Erzählung vom Gottesgericht mit Henkersengeln (9,1–11), gefolgt von einem detaillierten Bericht über die Bewegung der Herrlichkeit (10,1–22; 11,22–25), in dem JHWHs Gegenwart den Tempel verlässt. Die Struktur gipfelt in einem Orakel der bedingten Wiederherstellung (11,14–21), das Hoffnung aus dem Exil bietet. Die kumulative Wirkung ist dramatisch und verwirrend. Sie zeichnet eine Abwärtsspirale nach, die von der Offenbarung der Gräueltaten bis zur göttlichen Verlassenheit reicht, bevor sich ein schmaler Pfad zur Rückkehr zum Bund öffnet. Das Genre spiegelt somit den theologischen Bogen wider, den es erzählt.

Symbole und Schlüsselwörter

Ezechiel 8–11 baut sein theologisches Drama durch eine Abfolge kraftvoller Symbole auf, die die Erzählung von Entweihung und göttlichem Rückzug jeweils vertiefen. Es beginnt mit dem mysteriösen "Bild der Eifersucht" (8,3–5), einer nie vollständig erklärten totemistischen Präsenz, die sie als Katalysator göttlicher Beleidigung noch bedrohlicher macht. Darauf folgt eine Fülle götzendienerischer Bilder (kriechende Tiere und geschnitzte Götzenbilder an den Tempelwänden [8,10]), die den Raum optisch mit Unreinheit durchtränken, im krassen Gegensatz zu den levitischen Vorschriften. Ein noch erschreckenderes Bild sind die siebzig Ältesten, darunter Jaasanja (was "JHWH hört zu"), Sohn Schafans, die mit Räucherpfannen in der Hand in einer dunklen Kammer stehen (8:11). Diese Kombination erinnert an Numeri 16, wo Räucherpfannen priesterliche Rebellion signalisieren und Gottes Gericht provozieren. Dort werden Räucherpfannen zu warnenden Artefakten; hier werden sie zu Sinnbildern innerer Korruption. Die Rolle der Ältesten ist umgekehrt. Sie sind keine Fürsprecher, sondern Komplizen. Ezechiel 8 endet damit, dass die Sonnenanbeter dem Tempel den Rücken zukehren, um die Sonne anzubeten (8:16). Zusammen zerstören diese Entweihungen das Heiligtum von innen heraus.

In Ezechiel 9,2 kommen sechs Henker und ein siebter Mann "in Leinen gekleidet" durch das Nordtor und signalisieren damit sowohl die babylonische Invasion als auch das priesterliche Vorgehen. Die in Leinen gekleidete Gestalt, die an die levitische Reinheit erinnert (vgl. Lev 16,4), ist kein Krieger, sondern ein Schreiber. Seine Aufgabe ist heilig: er soll den Trauernden ein Tav (תָּו) auf die Stirn zeichnen (9,4). Damit greift er apotropäische Traditionen auf (vgl. Ex 12,7) und offenbart JHWHs Barmherzigkeit inmitten des Gerichts. Das Gericht selbst findet im priesterlichen Raum statt. In 9:7 werden die Henker aufgefordert, den Tempel zu entweihen, indem sie ihn mit den Leichen der Erschlagenen füllen und so den einst heiligen Ort in einen Ort der Abscheulichkeit verwandeln. Die Körper der Verurteilten selbst werden zu Instrumenten der Entweihung.

In Kapitel 11 stirbt Pelatja (was bedeutet "JHWH ermöglicht mir zu entkommen") unerwartet während Ezechiels Vision (11:13). Sein Tod stellt eine dramatische Manifestation des göttlichen Urteils dar, das sich auf den emotionalen Zustand des Propheten auswirkt. Als repräsentativer Führer bedeutet sein Fall den symbolischen Zusammenbruch der Jerusalemer Elite. Umgekehrt wird in 11:16 inmitten der Verwüstung speziell den Verbannten und nicht den Jerusalemern ein Hoffnungsschimmer angeboten: JHWH verkündet: "obwohl ich sie weit unter die Nationen vertrieben habe... bin ich für sie zu einem *Miqdash Me'at* geworden, einem kleinen Heiligtum." Dieser Ausdruck definiert die göttliche Präsenz neu, nicht als räumlich fixiert, sondern als inhärent relational und mobil. Sogar im Exil gewährt Gott ein Stück Heiligkeit, das tragbar, verborgen und beständig ist.

Schließlich wandert die Herrlichkeit JHWHs schrittweise vom Heiligtum zum Tor und dann zum Ölberg, was die Zersplitterung sowohl des Volkes als auch der Priesterschaft widerspiegelt.

Thematische Funktionen

Ezechiel 8–11 fungiert als theologisch umgekehrte Pilgerreise. Statt in die Gegenwart Gottes aufzusteigen, wird der Prophet durch die Entweihung geführt und wird Zeuge der angehäuften Befleckung, die JHWHs Weggang erzwingen. Der göttliche Zorn entfaltet sich hier nicht impulsiv, sondern widerwillig. Die Herrlichkeit weicht nicht hastig, sondern schrittweise, zuerst vom inneren Heiligtum zur Schwelle (9,3), dann zum Osttor (10,18–19) und schließlich zum Ölberg (11,23). Die Heiligkeit bleibt, auch wenn das Gericht voranschreitet.

Theologisch betrachtet dieser Abschnitt das Exil nicht als Verlassenheit, sondern als notwendige Folge des göttlichen Rückzugs aufgrund von Entweihung. JHWH verschwindet nicht; er zieht um. Dadurch verschiebt sich der Mittelpunkt der Hoffnung von Jerusalem zur Exilgemeinde. Die bedingte Verheißung in 11,14–21, eingebettet in ein Gericht, legt nahe, dass das Exil keine Auslöschung, sondern eine theologische Neuausrichtung ist, eine Verschiebung, die eine zukünftige Wiederherstellung ermöglicht.

In diesem Licht fordert die Vision die Verbannten auf, ihre Sehnsucht nach Jerusalem aufzugeben. Sie erklärt, dass das Gericht das Land reinigen und der Glaube im Exil aufrechterhalten werden muss. Der Aufruf ist zweifach: die fehlgeleitete Sehnsucht aufzugeben und das "kleine Heiligtum" (11,16) als Zeichen der beständigen Präsenz des Bundes zu empfangen.

Im Klassenzimmer

Dieser Abschnitt eignet sich ideal für visuelle Kartierungen und räumliche Analysen. Die Komplexität von Ezechiels Vision eignet sich hervorragend für eine bildliche und fantasievolle Auseinandersetzung im Unterricht:

Übung zum Tempelplan: die Schüler sollen Ezechiels visionäre Reise durch den Tempel (Kapitel 8–11) nachstellen und dabei die einzelnen Götzenanbetungshandlungen markieren. Besprechen Sie, wie die Nähe zum Allerheiligsten die Schwere der Gräueltaten verstärkt und die Notwendigkeit einer göttlichen Antwort erhöht.

Ruhmesverfolgung: Verfolgen Sie die Bewegung der Herrlichkeit JHWHs vom inneren Heiligtum (9,3) zum Osttor (10,19) und schließlich zum Ölberg (11,23). Gehen Sie dann noch einmal zu Ezechiel 1, wo der Thron über dem Kebar-Kanal erscheint. Welche theologische oder erzählerische Logik erklärt diese Entwicklung? Deutet die Abfolge auf göttliche Geduld, Trauer oder Neuorientierung hin?

Visualisieren Sie den *Miqdash Me'at*: Bitten Sie die Schüler, sich vorzustellen und zu konstruieren, wie ein "kleines Heiligtum" (11:16) in ihrer eigenen Zeit und an ihrem eigenen Ort aussehen könnte. Wo könnte ein solcher Ort im Exil existieren? Welche Form würde die göttliche Präsenz annehmen, wenn der Tempel nicht mehr zugänglich ist?

Theologisches Rollenspiel: Weisen Sie den Schülern verschiedene Rollen zu: Ezechiel, die schweigenden Ältesten, den markierten Rest oder die Henkersengel. Fordern Sie sie auf, auf die sich entfaltende Vision zu reagieren. Welche moralischen oder theologischen Spannungen ergeben sich aus jeder Perspektive? Was wird gesehen, was wird vorenthalten und was wird ertragen?

Predigteinblicke

Die Predigt aus Ezechiel 8–11 erfordert nicht nur die Interpretation einer vergangenen Vision, sondern auch die Erkenntnis, wie unsere heutige Anbetung ihre Verzerrungen widerspiegelt. Der Prediger ist eingeladen, sich zu fragen, ob auch wir uns in heiligen Routinen eingerichtet haben und dabei unbewusst in die falsche Richtung blicken. Haben wir Anbetung über die Form definiert und uns von der Präsenz abgewandt?

Der Text warnt davor, dass selbst der innerste Tempelhof zum Schauplatz fehlgeleiteter Hingabe werden kann. Was wir im Dunkeln rechtfertigen, steht möglicherweise bereits unter göttlicher Beobachtung. Daher fordert uns Ezechiel auf, Entweihung nicht als etwas Fernes oder Historisches zu benennen, sondern als etwas potenziell Gegenwärtiges und Kollektives.

Gleichzeitig besteht für Gemeinschaften, die sich verbannt, abgeschnitten, übersehen oder vergessen fühlen, die Versuchung, ihre Vertreibung als Verlassenheit zu interpretieren. Doch der Prediger muss innehalten. Ist Exil ein Zeichen göttlicher Ablehnung oder göttlicher Versetzung? Bevor der Prediger für andere antwortet, muss er sich zunächst fragen: wie interpretiere ich Gottes Wirken in den Räumen, die ich Abwesenheit nenne?

Die Aufgabe des Predigers besteht also nicht darin, ein Urteil zu fällen, sondern die Komplexität zu beleuchten. Gottes Herrlichkeit schwindet langsam. Seine Trauer geht seiner Abwesenheit voraus. Und selbst im Exil bereitet er ein Heiligtum für diejenigen, die um das Verlorene trauern.

Ezechiel 12–23: Vollzogenes Gericht und theologische Dissonanz

Eine gesteigerte rhetorische Intensität und erhebliche theologische Unbeständigkeit kennzeichnen Ezechiel 12–23. Diese Kapitel umfassen die prekäre Zeit zwischen der babylonischen Deportation der Gemeinde Jojachins (597 v. Chr.) und der zweiten Belagerung Jerusalems (588 v. Chr.). In diesem zeitlichen und theologischen Liminalitätszustand intensiviert sich die göttliche Kommunikation, während die menschliche Reaktion abnimmt. Inmitten der Zerstörung einer Stadt erleben wir jedoch auch einen Zusammenbruch der kommunikativen Kohärenz. Gott spricht, Ezechiel handelt, doch das Volk bleibt weitgehend stumm oder voller Misstrauen. Dieser Abschnitt präsentiert eindrucksvolle Personifizierungen Jerusalems (Kap. 16, 23) und führt neben einer seltenen, aber entscheidenden Diskussion über Generationenschuld und moralische Handlungsfähigkeit (Kap. 18).

Literarische Zeit

Die meisten Kapitel dieser Einheit sind undatiert, womit die erzählerische Schwebe zwischen der ersten babylonischen Deportation (597 v. Chr.) und dem endgültigen Fall Jerusalems (586 v. Chr.) fortgeführt wird. Eine bemerkenswerte Ausnahme erscheint in Ezechiel 20:1, das sorgfältig als "im siebten Jahr, im fünften Monat" (590 v. Chr.) gekennzeichnet ist,

74

also ungefähr ein Jahr nach der Vision in Ezechiel 8–11. Der Kontext, in dem sich die Ältesten dem Propheten nähern, um JHWH zu befragen, löst eine der theologisch komplexesten Reaktionen der Schriftrolle aus: eine umfassende Überprüfung der Bundesbrüche Israels von Ägypten bis zum Exil. Dieser einzelne Zeitstempel verankert den Abschnitt erneut im wachsenden Bogen des Gerichts, auch wenn die umliegenden Orakel ohne zeitliche Verankerung dahintreiben.

Die literarische Zeit dehnt sich hier. Nicht länger von dramatischer Vision oder symbolischer Darstellung bestimmt, nehmen diese Kapitel ein langsameres rhetorisches Tempo an. Sie wirken fast wie ausgedehnte Disputationen, in denen theologische Argumente überlagert, wiederholt und verschärft werden. Der Erzähler scheint die zeitliche Mehrdeutigkeit als Raum interpretatorischer Freiheit zu nutzen und nimmt sich Zeit, das auszusprechen, was gesagt werden muss, bevor die Geschichte das Publikum überholt.

Dieses verlangsamte Tempo mindert die Dringlichkeit nicht. Vielmehr verleiht es ihr einen neuen Rahmen. Diese Orakel sollten nicht als Reflexionen nach dem Sündenfall gelesen werden. Vielmehr entfalten sie sich im Schatten der Katastrophe, gesprochen, während der Verlust noch unmittelbar bevorsteht, nicht, nachdem er bereits eingetreten ist. Ihre Stimmen sind nüchtern, gemächlich, aber fest, weil sie eine Art prätraumatisches Zeugnis. Die prophetische Aufgabe in diesem Fenster besteht nicht darin, zu reparieren, sondern zu benennen. Nicht zu beruhigen, sondern aufzudecken. Ezechiel 12–23 wird so zu einem schwebenden Korridor theologischer Konfrontation: die Zeit verlangsamt sich, aber der Druck steigt.

Kommunikativer Fluss

In Ezechiel 12–23 verstärkt die kommunikative Struktur die bereits zuvor eingeführte Asymmetrie: Gott spricht eindringlicher, Ezechiel tritt dramatischer auf und das Publikum zieht sich weiter in die erzählerische Abwesenheit zurück.

Absender: JHWH spricht mit zunehmender rhetorischer Kraft und Frustration. Der Ton wird strenger, doch die Art und Weise bleibt einseitig. Selbst wenn die Orakel menschliche Sprache zitieren, wird dies in göttliche Zitate eingebettet, die zur Zurechtweisung dienen, ohne dass ihnen dialogischer Raum eingeräumt wird.

Bote: Ezechiel übermittelt weiterhin göttliche Botschaften, hauptsächlich durch verkörperte Kritik statt durch direkte Verkündigung. Diese Einheit enthält eine der dichtesten Ansammlungen berichteter prophetischer Auftritte, alle in Ezechiel 12. Die erste Inszenierung (beschrieben und ausdrücklich aufgeführt [12:7]) schildert die allgemeine Verbannung des Volkes. Die zweite und dritte, die am folgenden Tag offenbart werden, dramatisieren symbolisch die verzweifelte Flucht König Zedekias und seinen bevorstehenden Untergang. Obwohl nur der erste Akt erzählerisch bestätigt ist, verfolgen alle drei unterschiedliche erzählerische Zwecke: zu schockieren, zu deuten und vorherzusagen. Diese nonverbalen Auftritte (insbesondere in Verbindung mit Esshandlungen ([z. B. 12:18]) könnten zeigen, wie der Körper des Propheten selbst zum Medium des Urteils wird.

Empfänger: die Zuhörerschaft bleibt weitgehend unklar. Zwar richten sich Orakel häufig an "das Haus Israel", doch reagieren sie selten direkt darauf. Wenn die Ältesten auftreten (z. B. Ezechiel 14; 20), werden sie rhetorisch überstimmt. Ihre Fragen werden nicht beantwortet, sondern in Anklagen umgedeutet. Anstatt sie zu Wort kommen zu lassen, werden sie besprochen und in JHWHs anklagenden Rahmen eingebunden.

Narrative Lücken: die dargestellten Zeichen werden zwar beschrieben, aber selten in der Erzählung aufgelöst. Die Wahrnehmung des Publikums wird zwar vermutet, aber nicht dokumentiert. Es findet keine gemeinschaftliche Transformation statt. Was bleibt, ist eine Schriftrolle, die durch göttliche Initiative und prophetische Leistung strukturiert ist, aber noch immer ohne bestätigte Rezeption in der Schwebe ist.

Form und Genre

Diese Einheit zeigt einige der vielfältigsten und komplexesten literarischen Formen in Ezechiel.

Symbolische Handlung: Kapitel 12 dramatisiert das Exil durch Ezechiels Tag- und Nachtritual beim Taschenpacken.

Allegorie: in den Kapiteln 16 und 23 werden Jerusalem und Samaria als promiskuitive Schwestern (Ohola und Oholiba) ausführlich personifiziert.

Königliche Parabel mit interpretativer Ebene: Kapitel 17 führt eine fabelhafte Allegorie von zwei Adlern und einem Weinstock ein. Oberflächlich betrachtet spiegelt sie die internationale Politik (Babylon, Ägypten und Judäa) wider, doch ihr interpretierender Schluss rahmt die Erzählung theologisch neu ein, indem er Judas Bundesbruch aufdeckt und die göttliche Souveränität bekräftigt.

Theologische Disputation: Kapitel 18 widerlegt das Sprichwort über die Schuld der Generationen direkt und betont die individuelle Verantwortung.

Klage: das Klagelied für das Königshaus in Kapitel 19 verwendet eine Tiermetapher und beschwört den Zusammenbruch der Dynastie herauf, ohne Hoffnung zu wecken.

Historische Rezitation und Bundesgleichnis: Kapitel 20 bietet eine ausführliche historische Wiederholung, die Israels Vergangenheit aus der Perspektive des Bundes neu interpretiert. Die Struktur ist dreiteilig: in Ägypten (20,5–9), in der Wüste (20,10–26) und im Land (20,27–29), jede Bewegung geprägt von göttlicher Gnade und menschlicher Rebellion. Diese Wiederholung interpretiert nicht nur das gegenwärtige Exil als Fortsetzung des Wüstengerichts, sondern nimmt auch die Wiederherstellung vorweg. Das rhetorische Versagen dieser Vorgehensweise wird jedoch im Schluss Vers (20,49) unterstrichen, wo Ezechiel beklagt, dass das Volk ihn als bloßen "Sprüchen in Gleichnissen" verspottet. Selbst bei göttlicher Überzeugung bleibt der Kommunikationszusammenbruch bestehen.

Symbole und Schlüsselwörter

Mauer und Graben (Ezechiel 12,3–7): Ezechiel wird angewiesen, ein Exil-Drama aufzuführen, indem er seine Habseligkeiten packt und vor aller Augen eine Mauer durchgräbt. Die "Mauer" symbolisiert die fragile Grenze zwischen der Illusion von Sicherheit und dem bevorstehenden Zusammenbruch. Das Durchgraben der Mauer nimmt den nächtlichen Fluchtversuch König Zedekias während der letzten Belagerung vorweg. von Jerusalem (vgl. 2 Könige 25:4–5; Jer. 39:4). Er ist der "Fürst in Jerusalem", auf den in Ezechiel 12:10 Bezug genommen wird, der versuchen wird zu fliehen, aber gefangen genommen und geblendet wird, womit sich die Orakel das er würde sei genommen zu Babylon, aber nicht sieh es (Hes. 12:13).

Ich weiß getünchte Wand (Ezechiel 13:10–15): die Metapher der weiß getünchten Wand kritisiert die Botschaften von falsch Propheten, wahrscheinlich diese in Jerusalem oder unter den Verbannten, die Frieden verkünden, obwohl die Zerstörung unmittelbar bevorsteht. Die Mauer ist so bemalt, dass sie stabil erscheint, doch ihre strukturellen Mängel garantieren den Einsturz. Das Bild verdeutlicht theologische Täuschung und die Leugnung das drohende Urteil.

Schwestern Samaria und Jerusalem (Ezechiel 16 und 23): in zwei grafischen Allegorien werden Samaria und Jerusalem als Schwestern namens Ohola und Oholiba dargestellt, die das nördliche bzw. südliche Königreich repräsentieren. Ihre sexuelle Promiskuität symbolisiert politische Bündnisse mit ausländischen Mächten (Ägypten, Assyrien, Babylon) und Bund Untreue. Diese Kapitel sind nicht bloß moralisierend, sondern bieten eine politisch-theologische Anklage gegen imperiale Götzenanbetung und veranschaulichen, wie Verrat auf nationale, spirituelle und intime Weise vielschichtig ist.

Adler und Weinstock (Kap. 17): In einer kryptischen Parabel über politischen Verrat erscheinen Babylon und Ägypten als Reiche, die falsche Sicherheit bieten.

Löwin und Junge (Ezechiel 19,1–9): die Löwin repräsentiert Judäa als Königshaus Davids, und ihre Jungen sind gefangene Könige aus Judäa. Das erste Junge ist wahrscheinlich Joahas (Schallum), der von Pharao Necho nach Ägypten gebracht wurde (vgl. 2. Könige 23,31–34), und das zweite ist Jojachin. verbannt zu Babylon nach nur drei Monate auf dem Thron (2. Könige 24:8–12). Diese Klage offenbart den Zerfall der Dynastie: Junge Löwen, die zur Herrschaft erzogen wurden, werden stattdessen gefangen, eingesperrt und zum Schweigen gebracht.

Thematische Funktionen

Die Kapitel 12–23 vertiefen die theologische und rhetorische Intensität von Ezechiels Botschaft und legen Spannungen offen, die in den früheren Visionen erst angedeutet worden waren. Während Ezechiel 4–7 auf die visionäre Enthüllung der Entweihung in Ezechiel 8–11 hinarbeitete, die in Tempelschändung, gesellschaftlichem Zusammenbruch und göttlicher Abkehr gipfelte, wird dieser Bogen in dieser Einheit weitergeführt und intensiviert. Diese Kapitel streben der Sturmfront von Kapitel 24 entgegen und bereiter Prophet und Leser auf den endgültigen Einbruch Jerusalems vor. In diesem Sinne fungieren die Kapitel 12–23 als theologischer Sturm, der Kraft sammelt: Sie bieten nicht einfach weiteres Urteil an, sondern bereiten das Publikum aktiv darauf vor, dieses Urteil ohne Nostalgie oder fehlgeleitetes Mitgefühl aufzunehmen.

Thematisch ringt dieser Abschnitt mit ungelösten Widersprüchen und göttlichen Provokationen. Der Diskurs um Verantwortung versus Erbe erreicht in Kapitel 18 einen Höhepunkt, wo das Sprichwort von der Generationenschuld entschieden widerlegt wird: "Wer sündigt, soll sterben." Gleichzeitig wird Gnade aufgeschoben und das göttliche Gericht beschleunigt, doch Mitgefühl wird nicht als rhetorisches Gegengewicht angeboten. Diese Asymmetrie verstärkt die emotionale und theologische Bedeutung der Schriftrolle.

Göttliche Frustration wird immer deutlicher, insbesondere in Kapitel 20, wo JHWHs historisches Manöver nicht in Richtung Überzeugung, sondern in Richtung Rechtfertigung des Verlassenwerdens geht.

Die gescheiterte Geschichte des Gehorsams wird nicht als Vorspiel zur Reue, sondern als Begründung für das Exil geprobt. Ebenso riskiert die verstörende Theologie der Gewalt in den Kapiteln 16 und 23, die durch Metaphern von Ehebruch, Kindstötung und militärischer Brutalität geprägt ist, einen theologischen Skandal. Doch diese Tropen entlarven die politische und spirituelle Verwüstung, die durch imperiale Verstrickungen verursacht wurde.

Schließlich wird Exil als mehr als nur Strafe neu definiert: es wird zum Zusammenbruch der Bundesvorstellung. Gefallene Könige, personifizierte und zerstörte Städte und die unerwiderte Stimme Gottes schildern das Exil als theologische Erschöpfung. Diese Kapitel laden den Leser nicht zur Sympathie mit Jerusalem ein, sondern zur Auseinandersetzung mit seiner Entweihung. Sie drängen das Publikum nicht dazu, die Vergangenheit zu betrauern, sondern ihren Zusammenbruch zu überleben.

Im Klassenzimmer

In dieser Sitzung analysieren die Schüler Ezechiel 18 und diskutieren, ob göttliche Gerechtigkeit auf Einzelpersonen oder auf der Gemeinschaft als Ganzes beruht. Sie untersuchen, wie göttliche Gerechtigkeit mit gesellschaftlicher Verantwortung zusammenhängt, insbesondere im Hinblick auf kollektive Schuld in der Gesellschaft. Im Laufe der Diskussion untersuchen die Teilnehmer, wie dieses Kapitel ihr Verständnis von Bündnissen verändert und sie dazu anregt, sich mit Themen wie Verantwortung, Generationenschuld und moralischen Entscheidungen auseinanderzusetzen.

Nächste führen Studenten durch eine ethische Lektüre der Allegorie, insbesondere in den Kapiteln 16 und 23. Ermutigen Sie die Schüler, die vielschichtigen Metaphern darin zu entschlüsseln diese Texte und reflektieren an wie solch Bilder verstärkt und erschwert die prophetische Kritik. Es wird wichtig sein, den Studierenden zu helfen, die ethischen Spannungen zu bewältigen, die durch geschlechtsspezifische und gewalttätige Symbolik entstehen, indem sie aufgefordert werden, nicht nur zu fragen, was der Text bedeutet, sondern auch, wie er kommuniziert und zu welchem kosten.

Um ihre Interpretationsfähigkeiten zu vertiefen, beschäftigen sich die Studierenden auch mit Ezechiel 17 aus der Perspektive literarischer Parodie und theologischer Satire. Kombinieren Sie dieses Kapitel mit ausgewählten modernen politischen Karikaturen, um das Zusammenspiel von Metapher und Kritik zu veranschaulichen. Nutzen Sie dies als Ausgangspunkt für einen Dialog über die rhetorische Kraft der Satire in heiligen Texten und darüber, wie Humor die Bedeutung theologischer Urteile tragen kann, ohne sie zu trivialisieren.

Endlich, Führung Studenten in die Schaffung von ein Visuelle Zeitleiste, die wichtige historische Ereignisse wie Zedekias Herrschaft, die aufeinanderfolgenden Deportationen und den Fall Jerusalems mit den Orakeln in den Kapiteln 12–23 verbindet. Diese Zeitleiste soll nicht nur Ereignisse nachzeichnen, sondern auch die Verflechtung von Geschichte und prophetischer Vorstellungskraft visuell veranschaulichen. Ermutigen Sie die Schüler, ihre Zeitleisten mit Anmerkungen zu versehen. mit Schlüssel Themen, symbolisch Handlungen, und rhetorische Veränderungen, die ihnen helfen zu erkennen, wie Ezechiels Botschaft untrennbar mit seinem Moment.

Die Predigt von Ezechiel 12–23 erfordert Mut.
Diese Kapitel bieten keinen erlösenden Abschluss. Sie
rufen die Gemeinde dazu auf, sich der theologischen
Erschöpfung zu stellen, wo Versprechen zu
Sprichwörtern geworden sind und Hoffnung wie
Sarkasmus klingt.

Insbesondere die Anklage in Ezechiel 13,
"Frieden, wo kein Friede ist", fordert die Prediger
heraus, sich leichtfertigem Trost zu widersetzen. Kapitel
18 ermöglicht eine Predigt über moralische
Entscheidungsfreiheit, jedoch mit Ernsthaftigkeit, nicht
mit Schmeichelei. Der Prediger muss nicht nur das
göttliche Urteil, sondern auch die göttliche
Enttäuschung interpretieren.

Vor allem aber sind diese Kapitel ein Aufruf zur
Integrität. Die Schriftrolle fragt nicht: "Bist du
hoffnungsvoll?", sondern: "Bist du ehrlich?"

Ezechiel 24: Kochendes Gericht, stiller Zusammenbruch

Ezechiel 24 markiert eine kritische Schwelle in
der prophetischen Erzählung: den Moment, in dem
Jerusalems Untergang, der lange vorhergesagt wurde,
zur historischen Tatsache wird. Das Kapitel beginnt mit
einem Orakel, das auf den Tag datiert ist, an dem die
babylonische Belagerung Jerusalems begann ("auf
diesen Tag" ([24:2]), wodurch die Distanz zwischen
göttlicher Rede und historischer Katastrophe
verschwindet. Was folgt, ist das Gleichnis vom
kochenden Topf (24:3–14), ein Symbol, das bereits in
Ezechiel 11 verwendet, jetzt aber verstärkt verwendet
wird. Hier enthält der Topf nicht mehr nur die Stadt; er
wird zum Ort unerbittlicher Reinigung. Knochen
werden gekocht, Schaum haftet am Metall und das

Feuer wird geschürt, bis alles Unreine freigelegt und verzehrt wird. Die Metapher lässt sich nicht auflösen. Der Topf wird nicht geleert, er wird versengt. Das Gericht reinigt nicht, es verbrennt.

Doch die symbolische Hitze des ersten Orakels weicht der emotionalen Trostlosigkeit des zweiten. Am selben Tag stirbt Ezechiels Frau, und Gott verbietet ihm, ihren Verlust zu betrauern (24, 15–27). Dieser persönliche Bruch wird zu einer nationalen Allegorie: So wie der Prophet seine Trauer verstummen lassen muss, so wird auch das Volk vor dem Fall seiner geliebten Stadt verstummen. Der Körper des Propheten wird zur Syntax der Schriftrolle; sein Schweigen zur Grammatik des Urteils. Dieses doppelte Orakel – brodelnde Gewalt und unterdrückte Klage – bildet das theologische und ethische Epizentrum der gesamten Schriftrolle. In einer Welt, in der der Bund zerbrochen und die Erinnerung versagt hat, zerbricht die Sprache selbst. Was nicht betrauert werden kann, muss verkörpert werden. Was nicht ausgesprochen werden kann, muss ertragen werden.

Literarische Zeit

Die Datumsformel in Ezechiel 24,1 ("im neunten Jahr, im zehnten Monat, am zehnten Tag des Monats") markiert einen der präzisesten und bedeutsamsten Zeitstempel des Buches. Es ist der Tag, an dem Jerusalem belagert wurde (vgl. 2. Könige 25,1), wodurch sich die Rolle des Propheten vom Prophezeienden zum Bezeugenden wandelte. Dies ist ein entscheidender erzählerischer Wendepunkt: Theologische Projektion kollidiert mit historischem Trauma. Was visionär, symbolisch oder vorwegnehmend war, wird nun real und im Einklang mit der politischen Katastrophe benannt.

Dies ist der einzige Moment in der ersten Hälfte der Schriftrolle, in der prophetischen und historischen Zeit vollständig zusammentreffen. Bis zu diesem Zeitpunkt wurden Ezechiels Botschaften im Vorfeld des Gerichts verkündet und schwebten in einer Atmosphäre schwebender Warnung. Hier jedoch ereignen sich göttliche Rede und imperiale Gewalt gleichzeitig. Die rhetorische Zeitlinie verdichtet sich. Der Prophet stellt sich den Sündenfall nicht mehr vor; er erlebt ihn am ersten Tag.

Ezechiel 24 fungiert somit als theologisches und literarisches Scharnier. Es ist die letzte Datumsformel im Gerichtsbogen des Buches und schließt eine lange Reihe von Orakeln ab, die sich von Ezechiel 1 bis 23 erstreckten. Es besiegelt das Ende der prophetischen Erwartung und öffnet die Tür zu irreversiblen Konsequenzen. In der literarischen Zeit ist es sowohl Höhepunkt als auch Zusammenbruch.

Wichtig ist, dass dieses Kapitel auch den Körper des Propheten als Zeichen neu interpretiert. Der plötzliche Tod von Ezechiels Frau wird zur letzten symbolischen Handlung der Schriftrolle vor dem Sündenfall und macht die Trauer selbst unaussprechlich. Prophetisches Schweigen bedeutet hier nicht nur Stummheit, sondern wird zum einzigen getreuen Ausdruck einer Welt, die sich in Echtzeit auflöst.

Dies ist kein Raum mehr für rhetorische Überzeugungsarbeit. Es ist nicht der Moment für neue Warnungen. Es ist der Tag, an dem die Belagerung beginnt. Jeder Versuch, Ezechiel 24 als Reflexion nach dem Sündenfall zu lesen, missversteht seine narrative Einordnung und theologische Spannung. Der Prophet spricht in die Katastrophe hinein, nicht danach. Die Stimme der Schriftrolle ist nicht rückblickend, sondern gleichzeitig und legt Zeugnis ab in der Stunde, in der das Sprechen verstummt und das Gericht kommt.

Kommunikativer Fluss

Ezechiel 24 enthält zwei Orakel mit stark kontrastierenden kommunikativen Dynamiken. Das erste, die Allegorie des kochenden Topfes (24:3–14), folgt dem bekannten Ezechielischen Muster: der göttliche Absender gibt einen Befehl, und ob die symbolische Handlung tatsächlich ausgeführt wird oder nicht, wird sie im Text nicht bestätigt. Auf diese Weise bleibt eine rhetorische Verschiebung bestehen, bei der das Publikum eine Botschaft mithört, die nicht direkt an es gerichtet ist. JHWH weist Ezechiel an, "dem abtrünnigen Haus ein Gleichnis zu erzählen" (24:3) und zielt damit auf diejenigen ab, die noch im Land sind. Obwohl die Handlung beschrieben wird, bleibt ihre Ausführung unbestätigt. Und doch nennt die Botschaft ein abwesendes Publikum im Land und drängt die Verbannten in die Rolle von Mithörern, deren reflektierende Auseinandersetzung erwünscht, aber nie offen gefordert wird. Diese Anrede in der zweiten Person ("ihr") ist den virtuellen Empfängern vorbehalten, den Einwohnern Jerusalems. Diese rhetorische Strategie, ein Markenzeichen der Schriftrolle, nutzt unerreichbare Ziele, um diejenigen, die noch hören können, zum theologischen Nachdenken anzuregen. Das abwesende Publikum wird angeklagt, damit die Gegenwart erwachen kann.

Im Gegensatz dazu zeigt die zweite Hälfte des Kapitels – der Tod von Ezechiels Frau und das Verbot zu trauern (24,15–27) – ein ungewöhnlich dichtes kommunikatives Dreieck. Hier erteilt der Sender (JHWH) einen unmittelbaren, nicht verhandelbaren Befehl; der Bote (Ezechiel) verkörpert die Botschaft durch persönliches Leid; und der Empfänger (die Exilgemeinde) antwortet verbal. Dies ist einer der seltenen Fälle bei Ezechiel, in denen die Rede des Publikums explizit wiedergegeben wird: "Willst du uns nicht sagen, was das für uns bedeutet?" (24,19). Die Interaktion ist kurz, doch die Tatsache der Reaktion markiert einen Wandel. Interpretation wird nicht vorausgesetzt, sondern eingefordert.

Diese duale Struktur verdeutlicht die Spannung zwischen Distanz und Unmittelbarkeit in der prophetischen Kommunikation. Das Orakel vom kochenden Topf brennt vor indirektem Urteil und macht die Anwesenden zu Mithörern einer Botschaft für jemand anderen. Das Orakel vom Tod der Ehefrau hingegen erfordert emotionale Übereinstimmung: die Verbannten müssen Ezechiels Schweigen widerspiegeln und die nationale Katastrophe ohne Ritual oder Klage verarbeiten. In diesem Paradoxon inszeniert die Schriftrolle ihre eigene Spannung zwischen Klarheit und Verborgenheit. Sie verweigert emotionale Entschlossenheit, obwohl sie theologische Klarheit bietet.

Die Erzählung baut schließlich Stille in ihre Struktur ein. Während das Publikum spricht, erfolgt keine göttliche Antwort. Die Trauer bleibt in der Schwebe, unausgesprochen, verkörpert und wartet auf ein zukünftiges Wort.

Form und Genre

Ezechiel 24 ist ein bemerkenswerter literarischer Hybrid. Es beginnt mit dem allegorischen Gleichnis vom kochenden Topf (24,3–14), dass die Bildsprache aus Kapitel 11 wieder aufgreift und verstärkt – nun als Szene unausweichlichen Gerichts und irreparabler Unreinheit. Darauf folgt ein prophetisches Zeichen:

Ezechiels Frau stirbt und ihm wird ausdrücklich verboten zu trauern (24,15–18). Die Erzählung verwandelt sich dann in eine orakelhafte Ankündigung, die die private Trauer des Propheten als öffentliches Zeichen interpretiert: So wie er schweigen muss, werden auch die Verbannten vom Fall Jerusalems zu fassungslos sein, um gemeinsame Trauerriten durchzuführen. Diese Genre-Mehrschichtung verstärkt die theologische Dringlichkeit durch verkörpertes Schweigen.

Symbole und Schlüsselwörter

Ezechiel 24 verwendet Symbole, die von göttlicher Trauer über prophetische Verkörperung bis hin zur gesellschaftlichen Lähmung reichen. Der kochende Topf (24,3–13) kehrt aus früheren Bildern zurück, symbolisiert nun aber ein unwiderrufliches Gericht: Jerusalem, ein verrostetes Gefäß, kann nicht mit herkömmlichen Mitteln gereinigt werden. Der Rost haftet zu tief, und nur durch vollständige Verbrennung kann die Unreinheit freigelegt werden. Dies bereitet den Boden für den göttlichen Bruch.

Der Tod von Ezechiels Frau (24,15–18), die "Wonne seiner Augen" genannt wurde, spiegelt die Entweihung des Tempels, JHWHs geliebter Wohnstätte, wider. Dennoch wird Ezechiel das Recht zu trauern verweigert. Sein Schweigen verkörpert die theologische Behauptung, dass mit dem Rückzug Gottes auch die Klage aufhören muss. Dieses Verbot gilt auch für das Volk (24,21–24): Ihre Kinder und ihr Heiligtum werden fallen, aber sie dürfen nicht weinen.

Dies ist nicht das Schweigen der Apathie, sondern des unterdrückten Mitgefühls. Was sich entfaltet, ist die letzte Phase göttlicher Selbstbeherrschung, der Augenblick, kurz bevor die

Träne fallen und der Seufzer entweichen könnte. Der Gott aus Ezechiel 24 ist nicht ungerührt; er ist voller Schmerz und hält Trost zurück, damit er nicht das Gericht behindert, das nun kommen muss. Die Weigerung zu trauern ist also keine Verleugnung von Gefühlen, sondern die Darstellung göttlichen Schmerzes, der in Schach gehalten wird. Es ist, als ob Gott sagen würde: "Halte es zurück, nur noch ein wenig; es ist fast vorbei." Dies ist keine Grausamkeit, sondern die letzte Kontur der Barmherzigkeit: Schmerz, der bewusst aufgeschoben wird, damit die Gerechtigkeit in vollem Umfang sichtbar wird. Zu frühes Trauern würde die Last dessen verringern, was er ertragen muss. Daher spiegelt Ezechiels Schweigen das Schweigen Gottes wider, ein erschöpftes, aber bewusstes Innehalten vor dem nächsten Akt der Wiederherstellung.

Thematische Funktionen

Ezechiel 24 stellt die theologische und erzählerische Schwelle der gesamten Schriftrolle dar, ein Dreh- und Angelpunkt, an dem das göttliche Urteil seinen Sättigungspunkt erreicht und der lange vorbereitete Bruch unumkehrbar wird. Der brennende Topf (V. 3–14), der Tod der Frau des Propheten (V. 15–24) und die Entweihung des Tempels (V. 21) markieren gemeinsam die Verbrennung dessen, was einst heilige Bedeutung hatte. Dies sind keine symbolischen Gesten aus der Ferne; es sind Taten, in die JHWH selbst tief verstrickt ist. Gott befiehlt, aber Gott trauert auch. Die göttliche Initiative durchdringt ihren eigenen Körper, zerstört das Heiligtum, nimmt Ezechiels Frau und bietet keinen Raum für Trauer – nicht, weil Gott unberührt wäre, sondern weil er völlig involviert ist. JHWH erscheint hier als verwundeter Reformer, bereit, das, was er einst bewohnte, zu verwüsten, um Platz für etwas Heiliges zu schaffen, das von neuem beginnen kann.

Dieses Kapitel macht prophetische Rede ethisch zweideutig. Ist es mitfühlend, Trauer zu benennen, wenn selbst Trauer unterdrückt werden muss? Ezechiel wird zum Gefäß göttlicher Zurückhaltung, er spürt den Verlust, darf ihn aber nicht verarbeiten. Sein verstummter Körper ersetzt das gesprochene Orakel. Die Schriftrolle selbst ahmt die Logik dieser Trauer nach, die gedämpft, verzerrt, aufgehoben ist. Hier gibt es keine Bitte, keine Klage, keine Gegenleistung, nur Bruch, Befehl und den göttlichen Schmerz, der ihnen allen zugrunde liegt. Dies ist noch keine Neuschöpfung, aber es ist ihre schreckliche Schwelle.

Im Klassenzimmer

Exegetisches Labor: Vergleichen Sie den kochenden Topf in Ezechiel 24 mit dem in Jeremia 1. Wie setzt jeder Prophet Hitze, Metall und Unreinheit ein, um göttliches Handeln zu gestalten?

Traumapädagogik: Laden Sie zur Diskussion darüber ein, wie theologische Texte gemeinschaftliche Traumata ohne Sprache behandeln. Was sind die ethischen Aspekte des prophetischen Schweigens?

Verkörpertes Lesen: Beauftragen Sie einen Schüler, Ezechiels Zeilen in 24:15–18 emotionslos zu lesen. Wie fühlt es sich an, göttliche Trauer ohne Klage zu "vollziehen"?

Predigteinblicke

Zu predigen Ezechiel 24 ist zu tragen Zeuge zu Schweigen. Nicht um das Leiden zu erklären, sondern um es zu markieren. Der Prediger hier ist keine Stimme der Klarheit, sondern ein Hüter Bruch.

Der Tod von Ezechiels Frau, ein persönlicher Schrecken, der zum nationalen Zeichen wurde, zwingt die Gemeinde, Trauer zu sehen das hat NEIN Steckdose. Das ist nicht eine Predigt für Trost. Es ist eine Liturgie des fassungslosen Zeugnisses, wo Hoffnung warte hinter dem Vorhang des Göttlichen Abwesenheit.

Die Botschaft ist nicht, dass Gott weg ist, sondern dass sogar Gott Manchmal hält, zurück Kummer bis das Urteil ist voll gesehen. Prediger Tun nicht lösen die Spannung. Sie bewachen es und geben ihm einen Namen heilig.

Ezechiel 25-32: Fremde Nationen als Israels Spiegel

Zwischen Jerusalems drohendem Untergang (Kapitel 24) und der Wiederbelebung prophetischer Reden an Israel (Kapitel 33) richtet Ezechiel seinen Blick nach außen. Oder etwa doch nicht? Die Kapitel 25–32 präsentieren JHWHs Orakel gegen verschiedene fremde Nationen (Ammon, Moab, Edom, Philistäa, Tyrus, Sidon und Ägypten), doch ihr eigentlicher Zweck ist differenzierter. Diese Kapitel fungieren als rhetorischer Spiegel: Gottes Urteile gegen "die anderen" dienen dazu, das Konzept göttlicher Gerechtigkeit für Israel neu zu formulieren. Die Erzählung, die sich zuvor auf die Korruption Jerusalems konzentrierte, nutzt nun die Nationen als reflektierende Folie und bietet indirekte Kommentare und theologische Erkenntnisse.

Literarische Zeit

Diese Kapitel erstrecken sich von 587 bis 571 v. Chr., beginnend nach der Belagerung Jerusalems (Ezechiel 24:2) und größtenteils vor der Ankündigung des Falls der Stadt in Ezechiel 33:21. Während einige Orakel, wie das in Ezechiel 29:17, viel später verkündet wurden, platziert das Buch sie in einem schwebenden

Erzählfenster zwischen Gericht und Wiederherstellung.

Ungewöhnlich für das Buch ist, dass viele dieser Orakel präzise datiert sind, wodurch eine chronologische Oberfläche entsteht, die stabil und linear erscheint. Ihre Funktion in der literarischen Zeit ist jedoch weitaus komplexer.

Dieser Abschnitt dient als bewusste Unterbrechung der Erzählung, als Vergrößerung der Interpretationslücke zwischen dem Moment der Katastrophe und ihrer öffentlichen Bestätigung. Während der Leser auf Neuigkeiten über Jerusalems Schicksal wartet, lenkt die Passage die Aufmerksamkeit auf etwas anderes: auf die Nationen. Die Orakel gegen Ammon, Moab, Edom, Tyrus, Ägypten und andere verlagern die Aufmerksamkeit nicht nur; sie ordnen sie neu. Der Erzähler scheint den Leser zu verlangsamen, indem er die Erzählzeit dehnt, um eine theologische Neuorientierung zu ermöglichen.

In dieser Zeitspanne wird die Zerstörung Jerusalems nicht vergessen, sondern nur gebrochen. Aus der Perspektive des internationalen Gerichts wird Israels Untergang in den größeren Kontext göttlicher Gerechtigkeit gestellt. JHWHs Souveränität ist nicht auf Zion beschränkt; sie erstreckt sich über Grenzen hinweg. So bieten die Orakel gegen die Nationen mehr als nur Polemik; sie schaffen ein Interpretationsfeld, in dem das Trauma des Untergangs Jerusalems als Teil einer breiteren theologischen Bewegung gelesen werden kann.

Die Schriftrolle eilt nicht zur Wiederherstellung. Sie hält den Leser in dieser Schwebe und lädt ihn ein, die Bedeutung des Gerichts zu überdenken – nicht als isolierte Strafe, sondern als Teil einer göttlichen Reinigung, die alle Nationen betrifft. Der Prophet schweigt über Jerusalems Ausgang, doch dieses

Schweigen hat strategische Bedeutung. Als in Ezechiel 33,21 endlich die Nachricht vom Fall eintrifft, hat der Leser Raum, nicht nur das Gericht zu verarbeiten, sondern auch dessen Tragweite neu zu überdenken.

Kommunikativer Fluss

In Ezechiel 25–32 verkündet der Prophet eine Reihe von Orakeln, die sich vordergründig an fremde Nationen (Ammon, Moab, Edom, Philistäa, Tyrus, Sidon und Ägypten) richten. Oberflächlich betrachtet wirken diese Reden wie diplomatische Anschuldigungen oder geopolitische Verurteilungen. Doch die kommunikative Struktur offenbart etwas Subtileres und nach innen Gerichtetes. Die angesprochenen Nationen sind nicht anwesend, und es gibt auch keine aufgezeichneten Reaktionen von ihnen. Ihre rhetorische Funktion ist nicht partizipatorischer, sondern illustrativer Natur. Diese Orakel wirken als rhetorisch verschobene Sprechakte: Sie richten sich gegen entfernte andere, sind aber für die ethische und theologische Reflexion der Nahestehenden, der Verbannten in Babylon, gedacht.

In diesem Sinne sind nicht die Nationen das eigentliche Publikum, sondern Israel. Gott spricht durch Ezechiel "zu" ausländischen Königen, Städten und Reichen, aber auf eine Weise, die Israel mithört. Die prophetische Stimme fungiert fast als theologische Bauchrednerei: Göttliche Worte werden nach außen getragen, nur um als moralische Pädagogik wie ein Bumerang zurückzukommen. Die Nationen werden zu Zerrspiegeln, die Israels eigenen gefallenen Stolz, seinen Götzendienst und sein fehlgeleitetes Selbstvertrauen widerspiegeln.

JHWH bleibt der Absender und wendet sich durch Ezechiels orakelhafte Vorstellungskraft an die

Völker. Der Prophet selbst reist nicht ins Ausland und überbringt diese Botschaften nicht persönlich; vielmehr spricht er zu den Verbannten über die Völker. Obwohl diese Überbringung textlich mehrdeutig ist, bleibt unklar, ob diese Reden tatsächlich in gemeinschaftlichem Rahmen laut ausgesprochen wurden.

Während die formalen Adressaten dieser Orakel ausländische Mächte sind, sind die tatsächlichen Empfänger die vertriebene Bevölkerung Israels. Die Orakel erschüttern die Annahme von Israels moralischer Überlegenheit, indem sie zeigen, dass auch andere Nationen nicht wegen Vertragsbruchs, sondern wegen Stolz, Gewalt und Ausbeutung verurteilt werden. Die Botschaft ist nicht Triumphalismus, sondern Angleichung: Gottes Gerechtigkeit ist universell, und Israels Leiden ist kein Einzelfall.

In dieser kommunikativen Logik wird der Prophet zum Inszenierungsagenten, der "zu anderen" spricht, um seine eigene Gemeinde zu einer theologischen Neuausrichtung zu führen. Das exilierende Publikum muss lernen, das Urteil anderer als selbstimplizierende Offenbarung zu verstehen.

Form und Genre

Ezechiel 25–32 bedient sich vielfältiger literarischer Formen, um das Urteil über fremde Nationen zu verkünden. Weheorakel drücken göttliche Verurteilung in Form von Klagen aus, oft gerichtet an bestimmte Städte wie Tyrus (Ezechiel 27) und Ägypten (Ezechiel 32). Mythische Parodien verstärken die rhetorische Kraft: der König von Tyrus wird als gefallene Figur aus dem Paradies dargestellt (28,11. 19), während der Pharao mit einem monströsen Seedrache verglichen wird (29:3; 32:2), was sowohl Hybris als auch

Chaos heraufbeschwört. Klagelieder verstärken die Botschaft noch. So preist Kapitel 27 die maritime Eleganz von Tyrus, bevor von ihrem symbolischen Schiffbruch berichtet wird, während die Kapitel 30–32 den Untergang Ägyptens anhand königlicher Begräbnismotive betrauern.

Diese Genres sind eingebettet in umfassendere prophetische Gerichtsreden, in denen jede Nation für ihren Stolz, ihre Gewalt oder ihren Verrat an Israel genannt wird. Die literarische Kunstfertigkeit dieser Kapitel macht den Untergang des Auslands sowohl traurig als auch lehrreich und lädt das exilierte Publikum ein, göttliche Gerechtigkeit nicht durch Triumphalismus, sondern durch eine stilisierte Trauer zu erkennen, die die Neuorientierung im Bund verstärkt.

Symbole und Schlüsselwörter

Ezechiels Orakel gegen die Nationen sind reich an mythischen Bildern und Metaphern und verwandeln historische Urteile in theologische Poesie. Die folgenden Symbole verdeutlichen, wie Imperien nicht nur durch Politik, sondern auch durch kosmischen und moralischen Zerfall zerfallen.

Seeungeheuer (*tannîn*): der Pharao wird als Krokodil dargestellt oder Chaos-Drache in die Nil (29:3). Das Symbol verbindet das kaiserliche Ägypten mit der ursprünglichen Unordnung und erinnert an die kosmischen Schlachten der Schöpfung Mythen.

Schiffbruch (Tyrus): das große Handelsreich wird mit einem schönen Schiff verglichen, das auf See zerschellt (27:25–36). Sein Untergang verdeutlicht die Fragilität der Weltwirtschaft und des menschlichen Stolzes.

Schilfstab (29:6–7): Ägypten wird als unzuverlässiger Verbündeter dargestellt. Seine versprochene Unterstützung bricht und verletzt. Diese Metapher verbindet prophetische Kritik mit der Erosion geopolitischen Vertrauens.

Grube (*Scheol*): Kapitel 32 katalogisiert Ägyptens Abstieg in die Unterwelt zusammen mit anderen gefallenen Nationen, ein erschreckender Appell an die untergegangene imperiale Hybris.

Thematische Funktionen

Ezechiel 25–32 fungiert nicht nur als Anklage fremder Nationen, sondern auch als eine Art theologische Neuorientierung für Israel. Auf einer Ebene bekräftigen diese Orakel die göttliche Rechtfertigung: JHWHs Gerechtigkeit ist nicht provinziell oder tribal. So wie Jerusalem wegen Bundesverrats fiel, so werden auch Ammon, Moab, Edom, Tyrus, Sidon und Ägypten wegen Arroganz, Opportunismus oder Ausbeutung verurteilt. Das Prinzip ist nicht ethnischer, sondern ethischer Natur. Diese theologische Gleichwertigkeit stellt jede anhaltende Annahme in Frage, Israels Leiden sei einzigartig oder unverdient. Subtiler wirken diese Orakel als indirekte Spiegel: die Erhabenheit von Tyrus und Ägypten wird in lyrischem und sogar bewunderndem Ton beschrieben, aber letztendlich zerstört. Auf diese Weise kritisiert Ezechiel nicht nur die Nationen, sondern auch Israels eigene Illusionen von Exzeptionalismus und warnt die Verbannten vor fehlgeleiteter Nostalgie oder imperialem Neid.

Durch ihren Fall rückt JHWH die Erzählung neu in den Mittelpunkt: der wahre Herrscher der Geschichte ist nicht Babylon oder Pharao, sondern JHWH allein. Politische Mächte kommen und gehen, doch die göttliche Souveränität bleibt konstant. Diese Orakel werden somit pädagogisch, indem sie Israel lehren, das

Urteil nicht als Zufall, sondern als Bundeslogik zu erkennen, die für alle Nationen gilt, einschließlich der eigenen.

Im Klassenzimmer

Imperien kartieren: Lassen Sie die Schüler den geografischen und historischen Kontext jedes Orakels nachzeichnen. Welche rhetorische Funktion hat der Raum?

Mythos in der Prophezeiung: Analysieren Sie die Eden- und Leviathan-Motive. Wie verändern diese Symbole die nationale Geschichte?

Literarische Klage: Beauftragen Sie verschiedene Schüler, die Klagelieder aus den Kapiteln 27, 30 und 32 laut vorzulesen. Besprechen Sie die Rolle der stilisierten Trauer bei der Urteilsbildung.

Predigteinblicke

Aus Ezechiel 25–32 zu predigen, birgt das Risiko einer Irreführung, und genau darum geht es. Diese Kapitel scheinen sich an "die anderen" zu richten, aber in Wirklichkeit sind sie nach innen gerichtet. Sie unterrichten das Kritik ist am sichersten Wann entfernt, aber am meisten gebraucht, wenn nahe.

Der Prediger muss sich weigern, diese Texte zu verwenden, um nationalistischen Triumphalismus oder moralische Überlegenheit. Stattdessen sind sie Werkzeuge der Demut. Aufstieg und Fall von Nationen sind nicht nur eine historische Lektion; es ist eine theologische. Urteil ist keine Machtdemonstration; es ist ein Spiegel, der eine Antwort.

Ezechiel 33–34: der Zusammenbruch von Schweigen und der Abstieg der Schäfer

Ezechiel 33–34 stellt eine entscheidende Schwelle dar in der theologisch und literarisch Architektur von dem Buch. Die lange verzögerte Nachricht vom Fall Jerusalems kommt endlich – nicht überraschend, sondern als Bestätigung einer prophetischen Warnung. Sie markiert das Ende des erzwungenen Schweigens und die Wiederbelebung der göttlichen Rede. Doch dieser Moment ist alles andere als feierlich. Statt Rechtfertigung durch Reue begegnet Ezechiel einer Gemeinschaft, die zuhört, aber nicht reagiert, die bewundert, aber nicht gehorcht. In diesem Grenzbereich zwischen Katastrophe und Wiederherstellung wird die prophetische Stimme neu formuliert: Ezechiel ist nicht länger ein Herold des Gerichts, sondern ein Zeuge des Verderbens und eine Leitung für unerwartet Mitgefühl. Was folgt, ist eine der radikalsten theologischen Veränderungen des Buches. JHWHs Entscheidung, die Menschen direkt zu betreuen. Zusammen bieten diese Kapitel nicht nur einen literarischen Wendepunkt, sondern auch eine theologische Wende, bei der die göttliche Präsenz nicht durch Strukturen, sondern durch Intimität.

Literarische Zeit

Dieser Abschnitt beginnt mit einem entscheidenden Zeitstempel: "im zwölften Jahr unserer Gefangenschaft, am fünften Tag des zehnten Monats …" (Ezechiel 33, 21). Ein Flüchtling aus Jerusalem kommt mit der lang erwarteten Nachricht: die Stadt ist gefallen. Obwohl die Zerstörung bereits über ein Jahr zuvor (586 v. Chr.) stattgefunden hatte, markiert dieser verspätete Bericht, der erzählerisch im Jahr 585 v. Chr. angesiedelt ist, weit mehr als eine historische

Aktualisierung. Er signalisiert das Ende der prophetischen Ungewissheit und den Beginn einer neuen theologischen Phase.

Der nächste Vers kündigt einen tiefgreifenden Wandel an: "mein Mund tat sich auf, und ich war nicht mehr stumm" (33,22). Dieser Moment beendet das in Ezechiel 24 verhängte Schweigen und eröffnet eine andere Art prophetischer Rolle. Ezechiel ist nicht länger ein Wächter, der vor drohendem Unheil warnt; er wird zum Zeugen der Folgen, beauftragt, in einen Raum zu sprechen, der durch das Gericht bereits leer ist. Die einst nach vorn gerichteter Dringlichkeit wendet sich nun nach unten, hin zu Verantwortung, Wiederherstellung und pastoraler Neudefinition.

Doch die Neubeauftragung führt nicht zu Trost. Was in Ezechiel 33–34 folgt, ist keine triumphale Hoffnung, sondern eine ernüchternde Konfrontation. Gott spricht erneut, nicht um neue Urteile zu verkünden, sondern um die Verantwortung für die zerstreute Herde zurückzufordern. Die Hirtenorakel von Ezechiel 34 markieren einen entscheidenden Übergang: Gottes Rede sammelt nun, statt zu zerstreuen. Noch immer an die Erinnerung an die Verwüstung gebunden, leitet dieser Abschnitt einen Wandel von der prophetischen Enthüllung zur erlösenden Neuordnung ein.

Zeitleiste: von der Deportation bis zum Fall (597–586 v. Chr.)

Jahr (v. Chr.)	Ezechiels Referenz	Ereignis	Literarische Platzierung
597 v. Chr.	Beginn des Exils (vgl. Hes 1,2)	Erste babylonische Deportation (Jojachin verbannt)	Kontext von Ezechiels prophetischem Ruf
592 v. Chr.	5. Jahr des Exils (1:2)	Ezechiels erste Vision am Kebar-Kanal	Ezechiel 1–3
591 v. Chr.	6. Jahr (8:1)	Vision des Jerusalemer Tempels	Ezechiel 8 bis 11
590 v. Chr.	7. Jahr (20:1)	Älteste fragen nach; historischer Rückblick auf die Rebellion	Ezechiel 20
588 v. Chr.	9. Jahr, 10. Monat, 10. Tag (24:1–2)	Die zweite babylonische Belagerung beginnt	Ezechiel 24
586 v. Chr.	11. Jahr (vgl. 2. Könige 25:2–4)	Jerusalem fiel (Tempel zerstört)	Das Ereignis tritt ein; es wurde noch nicht gemeldet.
~585 v. Chr.	12. Jahr, 10. Monat, 5. Tag (33:21)	Flüchtling kommt mit der Nachricht vom Fall in Babylon an	Ezechiel 33:21–22: Wendepunkt der Rede

In der literarischen Zeit bildet Ezechiel 33–34 das Scharnier zwischen katastrophalem Schweigen und konstruktiver Erneuerung. Es eröffnet den Raum nach der Belagerung ohne unmittelbaren Trost oder rhetorische Erleichterung, sondern mit der langsamen, bewussten Arbeit der Wiederherstellung durch Verantwortung. Dies ist noch keine Wiederherstellung im eigentlichen Sinne, sondern die Klärung des Bodens, eine Öffnung, die erst möglich wird, nachdem der Zusammenbruch benannt und ertragen wurde.

Kommunikativer Fluss

Ezechiel 33–34 markiert einen völligen Wandel in der prophetischen Kommunikation: in Kapitel 33 wird Ezechiel erneut zum Wächter ernannt, nicht um vor dem Kommenden zu warnen, sondern um das Geschehene zu deuten. Die fassungslose Reaktion des Volkes ("wie können wir leben?" 33,10) offenbart eine existenzielle Krise. Doch ihre endgültige Reaktion ist beunruhigend: "Sie hören deine Wörter aber tun tu sie nicht … für sie bist du wie jemand, der mit schöner Stimme Liebeslieder singt." (33,32)

Der Prophet wird zur Hintergrundmusik. Seine Erfüllung wird ästhetisiert, nicht beachtet. In Kapitel 34 übertönt die göttliche Stimme alle menschlichen Vermittler. Hirten (Könige, Priester, Propheten) werden als Raubtiere angeklagt.

"Ich selbst werde nach meinen Schafen suchen." (34:11) In dieser radikalen Neuausrichtung verzichtet Gott auf Delegation. Die Kommunikation wird direkt, mitfühlend und souverän. JHWH ernennt keine neuen Führer; JHWH ersetzt sie. Wo menschliche Führung versagte, ist Gottes Gegenwart. Was den Kommunikationsfluss betrifft, werden die Leser diese bedeutende Veränderung wahrscheinlich erkennen, aber ob das unmittelbare Publikum sie versteht, bleibt ungewiss.

Form und Genre

Ezechiel 33–34 bildet einen zentralen literarischen und theologischen Dreh- und Angelpunkt innerhalb der Schriftrolle und kombiniert verschiedene Genres, um den Übergang vom Gericht zur Wiederherstellung zu markieren. Ezechiel 33 beginnt mit einer rechtstheologischen Metapher: der Prophet wird erneut als Wächter eingesetzt (V. 1–9), der nicht für Ergebnisse, sondern für treue Warnungen verantwortlich ist. Dieser Metapher folgt eine ethische Disputation (V. 10–20), in der göttlichen Gerechtigkeit gegen gesellschaftliche Vorwürfe der Ungerechtigkeit verteidigt wird – ein seltener Moment, in dem theologische Argumentation direkt inszeniert wird. Das Kapitel erreicht dann seinen erzählerischen Höhepunkt (V. 21–22), als der Flüchtling aus Jerusalem eintrifft und Ezechiels lange erzwungenes Schweigen endet. Der Abschnitt endet mit einer prophetischen Satire (V. 30–33), in der dem exilischen Publikum vorgeworfen wird, Ezechiels Botschaften als Unterhaltung zu betrachten, wodurch die dünne Linie zwischen Faszination und Missachtung offengelegt wird.

Kapitel 34 dreht sich dramatisch um einen Bundesprozess (rîb) gegen Israels Führer und stellt die Könige als gescheiterte Hirten dar, die konsumieren, anstatt zu beschützen (V. 1–10). Als Reaktion darauf erlässt JHWH ein königlich-hirtenhaftes Orakel (V. 11–31) und verkündet, dass er selbst die verstreuten Schafe suchen, retten und hüten wird. Ezechiel bedient sich der Königsideologie des Alten Orients, wo Könige oft als "Hirten" bezeichnet werden, und untergräbt dieses Klischee: JHWH regiert nicht von einem Thron aus, sondern steigt in die Schlachtfelder herab und verkörpert göttliches Königtum als innige Fürsorge statt als distanzierte Souveränität.

Symbole und Schlüsselwörter

Das symbolische Vokabular von Ezechiel 33–34 kristallisiert die theologische Wende vom Zusammenbruch zur göttlichen Rückgewinnung heraus und markiert einen Registerwechsel vom Gericht zur wiederherstellenden Intimität.

Wächter (צָפָה / ṣāpāh): Ursprünglich eine Figur der Voraussicht (vgl. Ezechiel 3,17), wird der Wächter nun als Zeuge der Nachwirkungen wieder eingeführt (Ezechiel 33,1–9). Die symbolische Bedeutung hat sich von der Warnung vor der Zukunft zur Deutung der Folgen gewandelt. Diese subtile Verschiebung spiegelt den Übergang des Propheten von der verstummten Warnung zur Artikulation nach der Katastrophe wider.

Hirten: Menschliche Führer werden als nachlässig und räuberisch dargestellt. Sie ernähren sich selbst, aber nicht die Herde, was eine Verzerrung der politischen und spirituellen Berufung offenbart. Ihr korruptes Schweigen steht in scharfem Kontrast zu JHWHs selbsternannter Stimme: "ich selbst werde nach meinen Schafen suchen" (34,11). Die Abdankung der gescheiterten Hirten wird zum Hintergrund für göttliches Eingreifen.

Herde / Verstreute Schafe: die Menschen werden als verletzlich, verbannt und schutzlos beschrieben, was mehr symbolisiert als nur die physische Zerstreuung. Sie sind geistig verwaist, gefangen zwischen aufgegebener Führung und göttlicher Wiedererlangung.

Wolke und dichte Dunkelheit (וַעֲרָפֶל עָנָן / ʿānān wa- ʿărāpel): Diese Begriffe drückten einst göttliche

Unerreichbarkeit aus, wie in Exodus 20:21, wo Moses sich Gott im Verborgenen nähert. Doch in Ezechiel 34:12 wird dieselbe Bildsprache umgekehrt: JHWH durchdringt die Wolken und die dichte Dunkelheit "an einem bewölkten Tag", um die Verstreuten zu retten. Diese Umkehrung impliziert, dass JHWH lange verborgen geblieben ist, freiwillig zurückgehalten in Trauer und Gericht, bis der Moment der göttlichen Verfolgung kommt. Dieses Herabsteigen ist nicht zufällig. Es evoziert eine Theologie der selbst auferlegten Zurückhaltung, in der Gott Schichten göttlicher Zurückhaltung durchbricht und diesen Akt der Rettung zu einem Moment tiefer Intimität macht. Es nähert sich der theologischen Ebene der Inkarnation nicht in der Form, sondern in den emotionalen und ethischen Kosten.

Schönes Lied (שִׁיר עֲגָב / *šîr ʿēḡeḇ*): in Ezechiel 33,32 werden die Worte des Propheten nicht als Aufforderung zur Buße, sondern als Handlung aufgefasst. Das Volk erfreut sich an seiner Stimme "wie an einem, der Liebeslieder singt", aber es handelt nicht. Dieses Bild klagt den religiösen Ästhetizismus an: Wo die Wahrheit bewundert, aber nicht befolgt wird, und wo der Prophet eher zum Spektakel als zum moralischen Provokateur wird.

Thematische Funktionen

Ezechiel 33–34 markiert einen entscheidenden Wendepunkt in der theologischen Entwicklung der Schriftrolle. Vor diesem Wendepunkt erhalten wir eine letzte Begründung für das Gericht (33,1–20) und eine unerwartete Ermutigung: dass Reue immer noch auf göttliche Bereitschaft stößt. Diese Orakel rechtfertigen nicht einfach die Vergangenheit; sie ersuchen, die moralische Handlungsfähigkeit des Zuhörers auch nach einer Katastrophe zu stärken.

Dann, in den Versen 21–22, kommt der Wendepunkt: ein Flüchtling aus Jerusalem berichtet von dessen Fall, und Ezechiel öffnet den Mund. Dieser Moment markiert mehr als nur einen erzählerischen Wandel; er stellt einen zweiten prophetischen Auftrag dar. Ezechiel ist nicht länger ans Schweigen gebunden, sondern geht von der Vorhersage zur Deutung über. Die Realität des Exils muss nicht länger vorhergesagt werden. Sie muss nun verstanden werden.

Erstaunlicherweise führt diese erneute Beauftragung nicht zu sofortigem Gehorsam. Das Volk bleibt rebellisch und wird in 33,31–32 als Zuhörer beschrieben, die Ezechiels Stimme zwar genießen, seine Worte aber ignorieren. Trotzdem reagiert Gott nicht mit einem erneuten Urteil. Stattdessen vertieft sich die göttliche Initiative in eine andere Richtung.

Kapitel 34 beginnt nicht mit dem Volk, sondern mit seinen Führern. Die Anklage richtet sich gegen die Hirten Israels, die sich versäumt haben, zu beschützen, zu ernähren oder zu heilen. Doch anders als bei früheren Anschuldigungen folgt hier unmittelbar ein Wechsel. Gott wird zum Hirten. Dies signalisiert eine theologische Neuausrichtung: Gottes Wirken wird nicht länger durch gebrochene Vermittler wirken. Es wird direkt handeln.

Gleichzeitig werden auch die Menschen verwandelt – nicht durch ihre Anstrengung, sondern durch ein göttliches Versprechen. Sie werden gesammelt, wiederhergestellt und erhalten "ein neues Herz" (vgl. 36,26). Am Ende des Kapitels ist nicht die Wiederherstellung des Territoriums oder der politische Wiederaufbau gesichert, sondern die Versöhnung der Beziehungen. Der Hirte findet die Schafe. Er verbindet

Wunden, bringt die Zerstreuten zur Ruhe und verspricht ihnen Frieden.

Die thematische Funktion von Ezechiel 33–34 besteht also darin, den Übergang der Schriftrolle vom Schweigen zum Sprechen, vom Exil zur Initiative, vom Zusammenbruch zur Erneuerung des Bundes zu markieren. Nicht durch eine Umkehrung der Zeit, sondern durch die Wiederaufnahme der Beziehung.

Im Klassenzimmer

Dialogisches Rollenspiel: Teilen Sie die Schüler in Gruppen ein: gescheiterte Hirten, verstreute Schafe und der göttliche Hirte. Lassen Sie jede Gruppe über ihre eigene Theologie von Verlassenheit, Versagen und Hoffnung nachdenken. Fragen Sie, was es bedeutet, gefunden zu werden, wenn man aufhört, um Rettung zu bitten.

Textkontrastübung: Vergleichen Sie Ezechiel 33:32 ("liebliches Lied") mit Ezechiel 34:11–16 ("ich selbst werde suchen…"). Was verrät jeder von beiden über die Natur und Risiko des Göttlichen Kommunikation?

Theologische Zeitleiste: Lassen Sie die Schüler eine Zeitleiste erstellen, die den Fall Jerusalems, Ezechiels Wiedereinsetzung in die Kirche und die Her Abkunft des Hirten miteinander verbindet. Markieren Sie, wann Stille herrschte und wann diese nicht nur zeitlich, sondern auch im Tonfall gebrochen wurde.

Aufforderung zur ethischen Reflexion: "Wenn Gott wie in Ezechiel 34 führt, welche Art von Führung schulden wir einander?" Ermutigen Sie die Schüler, über spirituelle Führung im Exil nachzudenken, wenn Institutionen zusammenbrechen und das Sprechen neu beginnen muss.

Predigteinblicke

Ezechiel 33–34 zu predigen bedeutet, aus den Trümmern zu sprechen, nicht als Triumph, sondern als heilige Unterbrechung. Der Prophet wird nicht durch eine Antwort gerechtfertigt, sondern durch die Wahrheit, die er schweigend erträgt. Und wenn Gott erneut spricht, geschieht dies nicht, um die Rollen neu zu verteilen, sondern um persönlich zu erscheinen.

"Ich will sie erretten aus allen Orten, wohin sie zerstreut wurden am Tage des Gewölks und Dunkels." (34,12) hier ist der Prediger aufgefordert, nicht die Reue des Volkes zu verkünden, sondern die unerbittliche Bewegung des Hirten: die Herde ruft nicht. Der Hirte geht voran. Die Dunkelheit lichtet sich nicht, sie wird betreten. Was für ein Gott sucht die Verlorenen, bevor sie merken, dass sie fehlen? Was für ein Prediger wagt es zu sprechen, wenn niemand zuhört, und kann dennoch nicht aufhören, weil Gott erneut gesprochen hat?

Ezechiel 35–36: Zwei Berge, eine Zukunft
Urteil, Schweigen und die Geografie der Wiederherstellung

In Ezechiel 35–36, das Buch wendet sich aus individuellem Urteil zur räumlichen Transformation. Anstatt Menschen direkt anzusprechen, spricht Gott nun zu Landschaften. Zwei Berge (Berg Sier und die Berge Israels) werden als gegensätzliche theologische Agenten: der eine verdammt, der andere zur Blüte berufen. Diese Kapitel bereiten sowohl buchstäblich als auch theologisch den Boden für die Rückkehr der auferstandenen, vertrockneten Knochen in Kapitel 37. In diesem Übergang betont Ezechiel die göttliche Initiative gegenüber der menschlichen Reue und konzentriert sich auf die Neuschöpfung durch geheiligte Geografie statt auf eine Rückkehr nach Jerusalem.

Literarische Zeit

In diesem Abschnitt finden sich keine präzisen Datumsangaben. Dennoch ist seine Platzierung strategisch: er folgt auf den berichteten Fall Jerusalems (Ezechiel 33–34) und steht unmittelbar vor der visionären Wiederherstellung des Volkes in Ezechiel 37. Die Erzählung schwebt somit in einem Zustand postkatastrophaler Schwebe und betont die theologische Abfolge statt chronologischer Details. Was hier entsteht, ist kein Moment in der Zeit, sondern eine räumliche und symbolische Neuordnung.

Diese Abfolge spiegelt das Muster aus Genesis 1–2 wider: der Raum muss geordnet werden, bevor Leben ihn bewohnen kann. Das Land muss angesprochen werden, bevor das Volk zurückkehrt. In Ezechiel 36 werden die Berge Israels als Zeugen von Gericht, Entweihung und künftiger Erneuerung personifiziert. Das Fehlen menschlichen Dialogs ist auffällig; JHWH spricht zum Land, nicht durch das Volk. Die Wiederherstellung beginnt ohne menschliche Initiative, was darauf hindeutet, dass das Land selbst die Erinnerung an den Bund birgt und das Trauma der Verlassenheit trägt.

Das vorangehende Orakel gegen den Berg Seir (Ezechiel 35) bekräftigt diese raumtheologische Logik: Edoms opportunistische Gewalt wird gerade deshalb verurteilt, weil sie den heiligen Zeitplan des göttlichen Gerichts verletzte. Im Gegensatz dazu werden Israels Berge zur Erneuerung vorbereitet, nicht wegen der Rechtschaffenheit ihres Volkes, sondern um des Namens JHWHs willen. Die Zeit steht hier still, nicht weil nichts geschieht, sondern weil unter der Oberfläche etwas Grundlegendes entsteht: ein Terrain, das Gnade fassen kann.

In literarischer Hinsicht bietet Ezechiel 35–36 einen theologischen Neustart. Er verzögert die Wiederherstellung des Volkes Israel, indem er sich zunächst mit dem Zustand seines Landes, seiner Entweihung, seinem Schweigen und seinem Potenzial befasst. Was passiv erscheint, ist zutiefst vorbereitend. Erst wenn das Land angesprochen, geheilt und wieder in die Bundesordnung gebracht wurde, werden die Gebeine gesammelt und der Atem kehrt zurück.

Kommunikativer Fluss

In Ezechiel 35–36 ändert sich die Kommunikationsstruktur deutlich: JHWH wendet sich nicht direkt an die Menschen, sondern an die Umgebung selbst. Der Prophet Ezechiel fungiert nicht, als überzeuge menschlicher Zuhörer, sondern als vermittelnde Präsenz, die zwischen der göttlichen Rede und einem teilnahmslosen Publikum steht. Die Empfänger dieser Orakel sind nicht Einzelpersonen oder Nationen, sondern symbolische Landschaften: das Bergland Sier (das Edom repräsentiert) und die Berge Israels.

Diese rhetorische Strategie basiert auf proleptischer Verschiebung. Obwohl die Sprache auf Landschaftsformen abzielt, ist das eigentliche Publikum die Exilgemeinde, die implizit eingeladen ist, mitzuhören. In Ermangelung einer direkten menschlichen Reaktion wird das Gelände zum Ersatzhörer, zur Leinwand, auf die göttliches Urteil und Hoffnung projiziert werden. Durch diese Verschiebung übernimmt das Land eine doppelte Rolle: es ist Predigt und Zufluchtsort zugleich, nimmt die emotionale Intensität der Worte Gottes auf und spiegelt den spirituellen Zustand der Menschen wider.

Indem JHWH zu den Bergen spricht, spricht er paradoxerweise zu denen, die weit von ihnen entfernt wohnen. Die Zuhörer im Exil erfahren dadurch eine neue Orientierung – nicht durch die Ansprache, sondern durch das Erleben von Gottes Stimme, die genau den Boden, der sie einst abgelehnt hatte, zurückerobert und ihm neuen Nutzen bringt. In diesem Moment theologischer Stille wird das Land beredt.

Form und Genre

Ezechiel 35–36 bietet eine bemerkenswerte literarische Gegenüberstellung: die Orakel gegen das Gebirge Sier (Edom) in Kapitel 35 bilden einen Bundesprozess (rîb), während Kapitel 36 in eine lyrische Prophezeiung voller Wiederherstellungsmotive übergeht. Die Genres sind bewusst inszeniert: Ezechiel 35 ist eine anklagende Ansprache der angestammten Feindseligkeit und erinnert an Texte wie Obadja und Psalm 137, wo Edoms Verrat beim Fall Jerusalems als theologische Feindschaft umgedeutet wird. Die Anklage richtet sich nicht nur gegen Edoms Gewalt, sondern auch gegen seine Schadenfreude und die Sünde, Land in Besitz zu nehmen, das JHWH gehört.

Ezechiel 36 hingegen ist eine poetische Kaskade generativer Sprache. Sie bewegt sich von Verachtung zum Boden, von Unfruchtbarkeit zu Fruchtbarkeit, von Scham zu Neuschöpfung. Die prophetische Stimme wechselt von der Klage gegen feindliche Gewalt zum Versprechen innerer Erneuerung. Das Land selbst wird sowohl zum Publikum als auch zum Handelnden: "aber ihr, ihr Berge Israels …" (36,8). Diese Personifizierung der Landschaft schafft eine prophetische Ökologie, in der die Geografie nicht länger ein neutraler Hintergrund ist, sondern ein aktiver Partner bei der

Wiederherstellung des Bundes.

Zusammen veranschaulichen die beiden Kapitel eine theologische Umkehrung: ein Berg wird wegen Übergriffen zum Schweigen gebracht, während der andere wiederbelebt wird, um Verbannte aufzunehmen. Die Genrebewegung von Rîb zur Neuschöpfung zeichnet die göttliche Absicht nach, nicht nur Ungerechtigkeit zu richten, sondern auch Möglichkeiten zu schaffen.

Symbole und Schlüsselwörter

Ezechiel 35–36 gestaltet Israels geografische und relationale Vorstellungswelt neu, indem er Bergen und Namen moralische Bedeutung zuweist. Diese symbolischen Elemente verschlüsseln historische Traumata, göttliche Absichten und eschatologische Hoffnung im Land selbst.

Berg Sier (Edom): aus Verwandten wurden Feinde. Sier wird zum Symbol schadenfroher Verwandtschaft, opportunistischer Gewalt und bundesfeindlichem Spott. Edoms Wunsch, das Land Israel zu besitzen, wird nicht als bloßer geopolitischer Ehrgeiz dargestellt, sondern als theologischer Übergriff, als Verletzung des heiligen Erbes.

Berge Israels: das verwüstete Land im Paradies soll nun "Sprossen treiben" (36,8) und so die Verbannung des Landes rückgängig machen. Die Berge sind nicht länger Kulisse menschlichen Versagens, sondern aktive Teilnehmer an der göttlichen Erneuerung. Ihre Erneuerung nimmt nicht nur die Rückkehr der Menschen, sondern auch der Bundesordnung vorweg.

Letzte Erwähnung "Jerusalems" (36,38): der Name "Jerusalem" verschwindet nach diesem Kapitel und signalisiert damit einen bewussten Wechsel der

Erzählung von verfälschter Erinnerung zu veränderter Identität. Als die Stadt in Ezechiel 48,35 erneut genannt wird, heißt es nicht "Jerusalem", sondern "JHWH *Schamma*", "der Herr ist dort". Die Geografie selbst wird liturgisch.

Thematische Funktionen

Ezechiel 35–36 vollzieht eine theologische Umkehr: vom Gericht zur Schöpfung, von der menschenzentrierten Verantwortung zur landzentrierten Verheißung und von der menschlichen Reue zur göttlichen Initiative. Diese Kapitel sind nicht bloß Übergangskapitel; sie kalibrieren die gesamte moralische Architektur der Wiederherstellung neu.

Gott wartet nicht auf Israels Reue. Stattdessen handelt er "um seines heiligen Namens willen" (36,22). Dadurch wird die Erneuerung des Bundes nicht auf Verdienst, sondern auf göttliche Treue ausgerichtet. Wiederherstellung wird zu einem Akt heiliger Selbstkonsistenz. Das Land wird empfänglich, gehorsam und "hört" das Wort Gottes – im Gegensatz zu den Menschen, die beharrlich nicht zugehört haben. Wo das menschliche Gewissen taub geworden ist, wird der Boden selbst zum ersten Ort der Reaktion.

Das Urteil über den Berg Sier in Kapitel 35 dient als ethisches Vorspiel: Gerechtigkeit muss herrschen, bevor Heilung beginnen kann. Doch in Kapitel 36 werden die Berge Israels als Lebewesen angesprochen, die aufgerufen sind, "Zweige auszutreiben" und ihr Volk heimzuholen. Die regenerative Arbeit beginnt nicht im Herzen, sondern im Gelände, in der Topografie und im bestellten Boden.

Diese Rückkehr aus der Erde nimmt die Auferstehungslogik aus Ezechiel 37 vorweg. Wie in Genesis 1, wo Land, Licht und Grenzen vor der

Entstehung der Menschheit vorbereitet werden, stellt Ezechiels Vision eine Art theologisches Cosplay der Schöpfung dar. Die Gebeine werden auferstehen, aber erst, nachdem die Erde wieder geheiligt ist.

Im Klassenzimmer

Geopolitische Intertextualität: Vergleichen Sie den Untergang Edoms in Ezechiel 35 mit Obadja und Psalm 137. Wie wird Verwandtschaft in der prophetischen Kritik als Waffe eingesetzt?

Theologische Geografie: Warum tut Gott sprechen zu den Bergen? Erforschen Sie prophetische Vertreibung und räumliches Vorstellungsvermögen.

Jerusalems Auslöschung: Lassen Sie die Schüler die letzte Erwähnung von "Jerusalem" nachverfolgen und über dessen Ersetzung in Ezechiel 48 nachdenken. Was signalisiert die Umbenennung theologisch?

Optionale visuelle Darstellung für den Unterricht: Erstellen Sie eine Vergleichstabelle des Berges Sier und der Berge Israels, die die Unterschiede in Publikum, Ton, Ergebnis und symbolischer Funktion aufzeigt.

Predigteinblicke

Predigen Sie Ezechiel 36 als Theologie der Wiedererschaffung. Bevor Gott Menschen wiederbelebt, bestellt er den Boden. Die Wiederherstellung beginnt dort, wo niemand zusieht – mit Land, mit Stille, mit Saatgut.

Die Predigt soll fragen: Was, wenn Gott bereits dabei ist, den Boden unter unserer Unwissenheit zu heilen? Was, wenn die Gnade beginnt, bevor wir Buße tun? Was, wenn wir Nachzügler in einem Garten sind, der bereits wächst?

Dieses Kapitel ist kein Aufruf zum Handeln, sondern eine Einladung, Zeuge eines göttlichen Gartens zu werden, in dem Gottes Treue zum Bund auf einem noch von Trauer befleckten Boden erblüht.

Ezechiel 37: Atem, Knochen und der Bauplan der Neuschöpfung

Ezechiel 37 gilt als einer der symbolträchtigsten und theologisch tiefgründigsten Momente des Buches – nicht, weil die Wiederherstellung vollzogen wird, sondern weil sie in die Möglichkeit hinein ausgesprochen wird. Dieses Kapitel spielt in einem Tal völliger Verwüstung und beginnt nicht mit einem Datum, sondern mit der Frage: "Können diese Gebeine leben?" (37,3). Nach göttlichem Schweigen, versagender Führung und zerbrochenem Land (Kap. 33–36) entfaltet sich diese Vision als Intervention nach dem Zusammenbruch, bei der neben den Gebeinen auch die Sprache selbst wieder zusammengesetzt werden muss. Dem Propheten wird kein Publikum zugewiesen, sondern nur eine Aufgabe: zum Tod zu sprechen, Atem zu beschwören und Hoffnung zu leben, bevor sie sichtbar wird. Was entsteht, ist nicht Auferstehung als Trost, sondern Neuschöpfung als göttliche Initiative: ein Akt des Geistes, der vor dem Verstehen wirkt, und ein Bund, der verbindet, was die Geschichte getrennt hat.

Literarische Zeit

Ezechiel 37 erscheint nicht mitten in der Katastrophe, sondern danach. Es folgt auf den angekündigten Untergang Jerusalems (Ezechiel 33), die Neudefinition der Führung durch das Hirtenorakel (Ezechiel 34) und die theologische Rückgewinnung des Raumes in den beiden Bergorakeln (Ezechiel 35–36). Doch keine neue Datumsformel erscheint. Die Vision entfaltet sich in einem zeitlich ungebundenen Intervall, einem theologischen "Danach", dass sich einer Verankerung in der Geschichte widersetzt. Dies ist keine Wiederherstellung im Gange, sondern eine imaginierte Auferstehung.

Die literarische Zeit ist hier von Stille geprägt. Die Nation ist noch nicht wiederbelebt, aber der Boden ist geräumt. Im Tal der vertrockneten Knochen finden sich keine Zeichen von Handlungsfähigkeit oder Bitte. Der Prophet ist nicht gesandt, um zu warnen oder zu richten, sondern um zu bezeugen, um inmitten der Totalität des Todes zu stehen und auf göttlichen Atem zu warten. Das Fehlen von Zeitmarken verstärkt das Gefühl der Stille: Dies ist ein Moment, der nicht von Uhren gemessen, sondern von Erwartung getragen wird.

Ezechiel wird geboten, nicht dem Volk, sondern den Gebeinen zu prophezeien; nicht den Rebellen, sondern den Überresten. Die Rede geht der Antwort voraus; der Atem dem Erkennen. Die Erzählung kehrt die bisherige Logik von Ursache und Wirkung um. Hier geht das Leben der Reue voraus, und die Wiederherstellung erfolgt nicht als Belohnung, sondern als Wunder. Die Aufgabe des Propheten besteht nicht darin, zu deuten, sondern zu gehorchen und in das zu sprechen, was nicht antworten kann.

In der literarischen Zeit steht Ezechiel 37 als theologisches Scharnier zwischen Zusammenbruch und Bund. Es ist der Moment, in dem göttliche Vorstellungskraft die historische Unvermeidlichkeit unterbricht. Obwohl im Text kein konkretes Datum genannt wird, entfaltet sich die Vision in einem theologischen Moment jenseits der Geschichte, einer göttlichen Initiative, die den Beginn der Auferstehung markiert, nicht deren Nachwirkungen.

Kommunikativer Fluss

Beide Visionen (die trockenen Knochen und die zwei Stöcke) werden ausdrücklich von JHWH inszeniert und vollständig vermittelt durch Ezechiel. Das Publikum, wieder, ist nicht die original historische Gruppe aber die Zukunft Leser oder Hörer. Das passt in die rhetorische Verdrängungsstrategie, die bereits im gesamten Ezechiel-Buch erkennbar ist: Unerreichbare oder abwesende Ziele (z. B. Jerusalem, verstorbene Vorfahren, verstreute Stämme) werden als Spiegel der Anwesenden (der Exilgemeinde) angesprochen. Die Kommunikation ist vertikal (zwischen JHWH und Ezechiel) und eher performativ als dialogisch.

Diese gepaarten Visionen von Wiederbelebung und Wiedervereinigung fungieren somit als ein göttlicher Monolog, der für ein fehlgeleitetes Publikum aufgeführt wird. Die Prophezeiung der vertrockneten Knochen richtet sich an "das ganze Haus Israel" (37:11), dass, obwohl bereits tot und zerstreut, immer noch angesprochen in die gegenwärtig angespannt, wie wenn das Wort allein könnte, rückgängig machen Tod. Der Prophet wird nicht zum Vermittler zwischen Gott und den Menschen, sondern zwischen Stille und Geist. Er spricht nicht zu Zuhörern, sondern zu Materie, zu Knochen und Winden. Dies entfremdet die Kommunikation selbst. Wie sieht Prophetie aus, wenn das einzige Publikum der Tod ist?

Form und Genre

Ezechiel 37 ist eines der theologisch und literarisch vielschichtigsten Kapitel im Buch Ezechiel. Es verbindet visionäres Drama, symbolische Handlung und Bundesverkündigung zu einer einheitlichen Bewegung der Auferstehung und Wiedervereinigung. Es fungiert als performatives Scharnier: theologisch umfassend und rhetorisch immersiv.

Der erste Abschnitt (Verse 1–14) entfaltet sich als visionäre Aufführung. Der Prophet wird von der Hand JHWHs in ein Tal voller verdorrter Knochen geführt, ein Bild völliger Verwüstung. Es folgt eine liturgische Abfolge von Befehlen und Antworten: "Weissage über diese Knochen", "Sprich zum Atem", "Komm von den vier Winden." Diese Sprechakte sind nicht beschreibend, sondern produktiv und verwandeln leblose Fragmente in verkörpertes Leben. Die Szene erinnert an ein rituelles Theater, in dem Sprache Auferstehung vollführt.

Der zweite Abschnitt (Verse 15–28) widmet sich einer symbolischen Handlung: Ezechiel wird aufgefordert, zwei für Judäa und Josef markierte Stäbe zu einem zu verbinden. Diese prophetische Geste, begleitet von göttlicher Deutung, verkündet die Wiedervereinigung der geteilten Königreiche unter einem erneuerten Bund. Die Erzählform verbindet inszenierte Symbolik mit orakelhafter Klarheit.

Intertextuell ist das gesamte Kapitel durchdrungen von Schöpfungsmotiven, insbesondere aus Genesis 2. Das hebräische Wort *ruach* (Geist/Wind/Atem) spiegelt den göttlichen Atem wider, der Adam belebte, und signalisiert, dass es sich hier nicht nur um politische Wiederherstellung, sondern um ontologische Neuschöpfung handelt.

Somit geht Ezechiel 37 über ein einzelnes Genre hinaus. Es ist eine prophetische Inszenierung, eine theologische Aufführung und ein kosmisches Echo. Es bewegt sich von der Metapher (vertrocknete Knochen) über die Geschichte (Rückkehr) bis hin zum Versprechen (vereinter Bund), wobei in jeder Phase Vision auf Symbol und Symbol auf Sprache geschichtet wird.

Symbole und Schlüsselwörter

Ezechiel 37 bietet einige der eindringlichsten symbolischen Bilder des prophetischen Kanons, Bilder, die Trostlosigkeit und Wiederherstellung, Bruch und Wiedervereinigung, Stille und Atem verbinden. Die Symbolik ist bewusst vielschichtig und erfordert sowohl fantasievolles Eintauchen als auch theologische Geduld.

Vertrocknete Gebeine (37,1–2): das Tal ist nicht nur voller Toten. Es ist voller längst zerlegter, "sehr vertrockneter" Gebeine, ohne Fleisch, Sehnen und Erinnerungen. Dies ist eine Vision des totalen Verlusts: nicht nur Tod, sondern auch die Auslöschung von Form, Identität und Kohärenz. Das Bild fungiert intertextuell als Umkehrung von Genesis 2 und evoziert apokalyptische Visionen von Zerstörung auf einem Schlachtfeld. Doch die göttliche Frage "Menschensohn, können diese Gebeine leben?" (37,3) wird nicht mit Logik, sondern mit Hingabe beantwortet: "O Herr JHWH, du weißt es." Dieser Moment epistemischer Demut erinnert an Petrus' Antwort an Jesus in Johannes 21,17 ("Herr, du weißt alles; du weißt, dass ich dich liebe"), die er in einem ähnlich erholsamen Moment nach Verrat und Verlust äußerte. In beiden Texten wird Hoffnung nicht durch Gewissheit, sondern durch relationales Vertrauen in göttliches Wissen neu entfacht.

Atem / Geist (רוּחַ, *ruach*): Dieser hebräische Begriff hat eine bewusst dreifache Bedeutung: Wind, Atem und Geist. Ezechiels Vision nutzt diese Polyvalenz, um zu suggerieren, dass das, was Israel wiederbelebt, nicht nur Luft oder Geist im Abstrakten ist, sondern die unbändige Bewegung des göttlichen Willens. *Ruach* dringt nicht nach Ermessen des Propheten in die Gebeine ein, sondern nur durch Gottes Initiative. Dies unterstreicht, dass Auferstehung

118

niemals mechanisch, sondern immer relational und geschenkt ist.

Zwei Stäbe (37,15–28): der symbolische Akt des Zusammenfügens der für Judäa und Ephraim bezeichneten Stäbe markiert den Übergang von der Auferstehung zur Wiedervereinigung. Was als körperliche Wiederbelebung beginnt, gipfelt im nationalen Zusammenhalt. Wichtig ist, dass kein irdischer König benannt, sondern ein einzelner Hirte versprochen wird. Dies vermeidet dynastische Nostalgie und betont die Seelsorge statt königlicher Eroberung. Die Betonung des Bundes (Verse 26–28) macht deutlich: die erneuerte Nation wird nicht durch Geopolitik, sondern durch die gemeinsame göttliche Präsenz zusammengehalten.

Zusammen zeichnen diese Symbole eine Bewegung nach, die von verstreuten Knochen zu wieder zusammengefügten Stöcken, von privatem Ruin zu öffentlicher Versöhnung führt. Die Vision verleiht dem Unfassbaren Gestalt: dass Gottes Atem das wiederbeleben kann, was die Geschichte verworfen hat, und dass ein durch das Exil zersplittertes Volk unter einem erneuerten Bund und einem eindeutigen Hirten wieder vereint werden kann.

Thematische Funktionen

Ezechiel 37 stellt Wiederherstellung nicht als Trost, sondern als göttlichen Auftrag dar. Die Vision der vertrockneten Knochen umfasst mehr als nur ein historisches Unglück. Zeitlich reicht sie zurück bis zu den Todesfällen in Ägypten und der Wüste, wo Knochen als Zeichen der Rebellion unbestattet blieben, und bis zum aktuellen Trauma des Exils. Räumlich verweist sie nicht nur auf das Land Israel, sondern auf alle Orte, an denen Menschen starben, zerstreut, deportiert oder vergessen wurden. Die bewusste Abstraktion von Ort und Zeitrahmen des Tals schafft einen offenen Rahmen, der die Auferstehungsvision eher paradigmatisch als lokalisiert erscheinen lässt.

Dies ist keine Auferstehung um des Trostes willen. Es ist Wiederherstellung als Auftrag. Knochen fügen sich zusammen, doch ohne Atem bleiben sie Leichen. Der Prophet muss erneut prophezeien, diesmal zum *Ruach* (Geist/Atem/Wind), und deutlich machen, dass Wiederherstellung ohne göttlichen Geist nur belebter Tod ist. Hoffnung ohne Heiligkeit ist ein hohles Gerüst.

Darüber hinaus ist das Fehlen menschlicher Reue auffällig. Diese Wiederbelebung ist nicht durch moralische Reformen errungen, sondern durch göttliche Initiative herbeigeführt worden. Die Stabsymbolik in der zweiten Hälfte (V. 15–28) deutet auf eine politische Wiedervereinigung hin, allerdings ohne königliche Nostalgie. Statt eines Königs wird ein Hirte versprochen. Statt eines Reiches wird ein "Friedensbund" (V. 26) angeboten. Und der nun aufgeschobene Tempel ist eine zukünftige Gegenwart, keine gegenwärtige Errungenschaft. Wiederherstellung ist also keine Rückkehr zu alten Formen, sondern eine Neugestaltung im Einklang mit Gottes Plan.

Im Klassenzimmer

Atemübung: Beauftragen Sie die Schüler, *Ruach* in Ezechiel 1, 2, 3 und 37 zu untersuchen. Wie verändert sich die Bedeutung?

Exilisches Theater: Führen Sie die Vision mit zwei Lesern (JHWH und Ezechiel) auf, wobei die Schüler die Knochen darstellen. Untersuchen Sie Zeitpunkt und Zögern in der prophetischen Antwort.

Politische Reflexion: Diskutieren Sie den Unterschied zwischen Wiedervereinigung (Stöcke) und Auferstehung (Knochen). Was sagt Ezechiel über geteilte Gemeinschaften?

Predigteinblicke

Ezechiel 37 ist keine sentimentale Auferstehungsgeschichte; es ist eine prophetische Generalprobe für den Wiederaufbau nach einem unwiederbringlichen Verlust. Prediger müssen der Versuchung widerstehen, diese Bilder zu romantisieren. Die Knochen sind nicht nur müde; sie sind zerlegt. Es gibt keine Sehnen, keinen Atem, keine Hoffnung. Und doch werden sie aufgefordert, zuzuhören. Nicht, weil sie antworten können, sondern weil Gott will, dass sie leben.

Dies ist keine Erweckung aus Reue, sondern eine Wiederherstellung, die durch göttliches Wort eingeleitet wird. So wie sich JHWH einst aus dem Tempel zurückzog (Ezechiel 10–11), kehrt der Atem nun nicht zum Stein, sondern zur zerbrochenen Gemeinschaft zurück. Die Wiederherstellung geht der Bereitschaft voraus. Gottes Geist tritt ein, bevor die Menschen überhaupt wissen, was es bedeutet, ganz zu sein.

In Johannes 21 kann ein ähnlich gebrochener Petrus auf die Frage, ob er Jesus liebe, nur sagen: "Herr, du weißt es." Es ist das Bekenntnis von jemandem, der sich nicht mehr sicher ist, nicht mehr zu retten, aber dennoch gerufen wird. Der Prediger könnte diesen Moment hier aufgreifen: Angesichts der dürren Knochen seines Glaubens, seiner Gemeinschaft oder seiner Zukunft kann die einzig wahre Antwort lauten: "Herr, du allein weißt es" (Hes 37,3).

Mit der Predigt dieses Kapitels möchte ich die Zuhörer dazu auffordern, sich nicht stark zu fühlen, bevor sie glauben, sondern darauf zu vertrauen, dass der göttliche Atem nicht nach der Stärke kommt, sondern davor.

Ezechiel 38–39: die Reinigung des Landes: Gog, Gericht und liturgische Schwellen

Ezechiel 38–39 inszeniert eine letzte, unerbittliche Konfrontation nicht mit einem historischen Reich, sondern mit den theologischen Überresten des Chaos. Nach der Vision von vertrockneten Knochen und der nationalen Wiedervereinigung (Kap. 37), aber vor die detaillierte Vision von dem neuen Tempel (Kap. 40–48) bewegen sich diese Kapitel in einer Grenzzone zwischen Auferstehung und Behausung. Gog von Magog, der herbeigerufen und nicht einfach zugelassen wird, verkörpert einen Widerstand, der rituell ausgelöscht werden muss, bevor die göttliche Gegenwart zurückkehren kann. Hier wird Eschatologie zur Liturgie: der göttliche Krieg ist weniger ein Kampf als eine Reinigung, und Israels Rolle besteht nicht darin, zu kämpfen, sondern zu reinigen, zu begraben und zu erinnern. Dies ist keine geopolitische Fantasie aber heilig Schwelle Drama, Wo Knochen sind, nicht mehr nur wiederbelebt, sondern benannt und begraben werden. Das Land muss nicht nur wiederhergestellt werden; es muss heilig.

Literarische Zeit

Ezechiel 38–39 enthält keine spezifische Datumsformel, doch ihre Platzierung in der Schriftrolle ist sehr bewusst gewählt. Die Vision ereignet sich nach der Auferstehung der verdorrten Gebeine (Ezechiel 37), in der die nationale Wiederherstellung verkündet wird, aber vor der Offenbarung der göttlichen Einwohnung in der Tempelvision von Ezechiel 40–48. Israel wird als "sicher wohnend" (38,11) beschrieben – nicht in naiver Anmaßung, sondern in einem von Gott geschenkten Zustand der Stabilität. Das Land ist wiederhergestellt, das Volk neu zusammengesetzt, und kein Gerichtsorakel richtet sich gegen sie.

Doch in diese geheiligte Ruhe bricht eine unerwartete Bedrohung ein: Gog aus dem Land Magog. Seine Ankunft geschieht jedoch nicht von selbst. JHWH lockt ihn gezielt an, indem er ihm Haken ins Maul legt (38,4), ihn in Bewegung setzt (38,16) und die Begegnung inszeniert. Israel provoziert den sich entfaltenden Krieg nicht, noch wird er zufällig zugelassen. Er ist von Gott inszeniert, nicht um Israel zu disziplinieren, sondern um aufzudecken und auszurotten, was nicht dazugehört.

In der literarischen Zeit fungiert dieser Kampf nicht als Höhepunkt der Wiederherstellung, sondern als letzte Reinigung, bevor Gottes Ruhm in den neu erbauten Tempel zurückkehrt (Ezechiel 43). Das Land ist gereinigt; Israel fungiert nun als Priesterschaft und nimmt still den heiligen Raum ein. Gogs Eindringen stellt einen Bruch zwischen Profanem und Heiligem dar. JHWH allein reagiert nicht als militärischer Befehlshaber, sondern als souveräner Hüter der Heiligkeit.

Das Schweigen Israels ist daher keine Passivität, sondern eine bloße Haltung. Das Volk ist nicht zum Kampf aufgerufen, da es bereits abgesondert ist. Seine Anwesenheit bestätigt die göttliche Ordnung; seine Untätigkeit signalisiert priesterliche Absonderung. Gog bedroht sie nicht direkt, sondern bedroht die Grenze der Heiligkeit, die Gott nun wiederhergestellt hat.

Das Fehlen eines Datums verstärkt die symbolische Bedeutung dieses Augenblicks. Die Szene entfaltet sich in einem schwebenden liturgischen Rahmen zwischen räumlicher Wiederherstellung und göttlicher Einwohnung. Bevor der neue Tempel enthüllt werden kann, muss das Land gereinigt werden. Was wie ein äußerer Kampf erscheint, ist in Wirklichkeit eine priesterliche Verteidigung der heiligen Ordnung. Es ist JHWH, nicht Israel, der den endgültigen Akt der Trennung erzwingt und so den Weg für die Rückkehr der Herrlichkeit in Ezechiel 40–48 ebnet.

Kommunikativer Fluss

Ezechiel 38–39 inszeniert eine kosmische Konfrontation, doch ihre kommunikative Dynamik richtet sich nicht allein gegen den Feind. Vielmehr inszeniert die Vision ein rhetorisches Drama, in dem Israel der wahre Mithörer ist. Der Absender ist JHWH, der Gog nicht nur vorhersagt, sondern auch aktiv herbeiruft – einen Gegner, der von göttlichem Haken und nicht von persönlichem Ehrgeiz angezogen wird (38,4). Der Bote ist Ezechiel, der sowohl den Ruf zur Schlacht als auch die Deutung ihrer Folgen überbringt. Der namentlich genannte Adressat ist Gog (38,2), doch das eigentliche Publikum ist Israel, das die Anschuldigungen mithört und sich mit ihren Auswirkungen auseinandersetzen muss.

Diese indirekte Ansprache folgt einer wiederkehrenden Strategie Ezechiels: prophetische Ansprachen an verdrängte Wesen (Berge [6,2], Tore [11,1], Gebeine [37,4]), die theologischen Erkenntnisse auf Israel zurückspiegeln. Die Ansprache an Gog dient hier als eschatologischer Spiegel: beim Jüngsten Gericht geht es nicht nur darum, Feinde zu besiegen, sondern das Land zu reinigen, um Platz für die Rückkehr

JHWHs zu schaffen. Israel ist nicht das Ziel, sondern der Erbe der Folgen der Vision.

Form und Genre

Ezechiel 38–39 kombiniert Elemente von: apokalyptischer Vision, kosmischer Schlacht und göttlicher Intervention; Bundesklage, ein Prozess gegen Gog, der zur Zerstörung führt; liturgischer Klage, dem Aasfresser Fest und Begräbnisriten; und priesterlicher Reinigung, Knochenmarkierung, Waffenverbrennung, Landreinigung

Jede Form verstärkt das Gefühl der Endgültigkeit und des rituellen Abschlusses. Die grotesken Details (Leichenbestattung, siebenjähriges Feuer, Aasfest) verwandeln den Krieg in ein Opfer Drama, Echo Levitikus und Deuteronomiums Logik des Herem (Zerstörung für die göttliche Heiligung).

Symbole und Schlüsselwörter

Ezechiel 38–39 ist voller symbolischer Umkehrungen und ritualisierter Sprache. Obwohl als apokalyptische Schlacht stilisiert, ist die Episode eher liturgischer als militärischer Natur. Ihre Bildsprache interpretiert Zerstörung in Reinigung und lädt das Publikum ein, den Sieg anhand priesterlicher und räumlicher Kategorien, statt anhand imperialer Triumphe neu zu interpretieren. Jedes Symbol wird so nicht nur zu einem erzählerischen Mittel, sondern auch zu einem theologischen Signal für Übergang und Schwelle.

Gog von Magog: ein mythischer Feind, die ultimative Opposition gegen die Herrschaft JHWHs. Gog ist keine historische Figur, sondern ein theologischer Kontrast, der von JHWH heraufbeschworen wurde, nur um vernichtet zu werden, was die göttliche Initiative unterstreicht (38:4).

Brennende Waffen (39:9–10): Israel nutzt Gogs Waffen sieben Jahre lang als Brennstoff – eine symbolische Reinigung und zugleich eine Umkehrung der Abhängigkeit. Was einst das Leben bedrohte, erhält es nun.

Massenbegräbnis (39:11–16): das Tal von Hamon-Gog wird zur Nekropole. Israel erfüllt eine priesterliche Rolle, indem es das Land durch Begräbnisse reinigt, Knochen benennt und Markierungen errichtet.

Vogelfest (39,17–20): das Festmahl für Aasfresser imitiert Opferriten (vgl. Offb. 19), kehrt sie aber um. Feinde sind keine Anbeter, sondern Opfergaben. Diese groteske Liturgie betont die göttliche Dominanz.

Hamon-Gog: "die Menge Gogs" wird sowohl zu einer Begräbnisstätte als auch zu einem Ort der Erinnerung und festigt den Übergang vom entweihten zu einem wiedergeweihten Land.

Zusammengenommen vermitteln diese Bilder Gogs Niederlage nicht als epische Kriegsgeschichte, sondern als Reinigungsritual. Die Vision verherrlicht Gewalt nicht, sondern wertet sie auf. Israels Aufgabe ist nicht zu kämpfen, sondern zu erinnern, zu begraben und zu heiligen. Wiederherstellung erfolgt nicht durch Eroberung, sondern durch rituelle Transformation – eine passende Schwelle zur folgenden Tempelvision.

Im Klassenzimmer

Ritualabbildung: Zeichnen Sie die Abfolge von der Auferstehung (Kap. 37) über die Reinigung (Kap. 38–39) bis zum Heiligtum (Kap. 40–48) auf. Wie wird Heiligkeit gestaltet?

Rollendarstellung: Weisen Sie Gog, Ezechiel und die Knochenbegräber zu. Denken Sie über die theologische Bedeutung jeder Rolle nach.

Textliche Gegenüberstellung: Vergleichen Sie Levitikus 26, Offenbarung 19 und Ezechiel 39. Welche Übereinstimmungen und Spannungen ergeben sich in ihrer Behandlung von Gericht und Heiligkeit?

Schlüsselaufforderung: Warum ist Gog nach den Knochen notwendig? erheben? Was tut es bedeuten den Gott reinigt das Land vor dem Betreten es?

Predigteinblicke

Predigen Sie Ezechiel 38–39 nicht als Vorhersage eines Endzeitkrieges, sondern als dramatisierte Schwelle. Gog ist nicht Zukunft Terror; er ist Finale Verunreinigung. Sein Löschen Markierungen die Öffnung für JHWHs zurückkehren.

Die Aufgabe des Predigers besteht nicht darin, Gogs Identität zu erklären, sondern Gottes liturgische Logik zu offenbaren: keine Auferstehung ohne Reinigung. Keine Gegenwart ohne geheiligten Raum.

Gogs Untergang ist kein nationaler Sieg; es ist eine priesterliche Last. Der Predigt wird ein Anruf zu tragen diese Last: die Knochen zu markieren, die Vergangenheit zu begraben und das Land zu pflegen, bis die Heiligkeit zurückkehren kann. "Was würde es bedeuten", fragte der Prediger könnte fragen, "wenn das heiligste Ding wir könnte, tun, ist zu begraben, was Gott zerstört hat, damit Gottes Gegenwart kommen kann wieder?"

Ezechiel 40–48: die Tempelvision und die Architektur der präventiven Heiligkeit

Ezechiels letzte Vision setzt eine Lösung zugunsten einer Offenbarung aus. Anders als frühere

Orakel, die an Emotionen oder Ermahnungen appellierten, entfaltet sich diese tempelzentrierte Abfolge mit strenger Präzision: Maße, Grenzen, Altäre, Tore. Es gibt keinen Hohepriester, keine Bundeslade, keine singende Menge; es gibt nur einen Propheten, der sieht, wandelt und aufzeichnet. Wiederherstellung wird hier nicht als nostalgische Rückkehr dargestellt, sondern als architektonische Zurückhaltung: ein Entwurf eines heiligen Raums, der so strukturiert ist, dass er Rückfällen vorbeugt. Die Abwesenheit politischer Akteure, die Unterordnung der nāśî und die minutiöse Zonierung von Heiligem und Profanem markieren einen Wechsel von emotionaler Reue zu räumlicher Disziplin. Der Tempel geht nicht in die Geschichte ein und entsteht auch nicht aus gemeinschaftlicher Anstrengung; er schwebt, erinnernd an den mobilen Thron von Ezechiel 1, als visionäres Konstrukt, das zur Verinnerlichung einlädt. Die Vision schwebt darüber, zugänglich nicht durch Konstruktion, sondern durch Kontemplation. In diesem Sinne endet Ezechiel 40–48 nicht mit der Ankunft, sondern mit der Orientierung: einer kartierten Heiligkeit, die die Wiederherstellung nicht feiert, sondern schützt.

Literarische Zeit

Der Zeitstempel in Ezechiel 40:1 ("im fünfundzwanzigsten Jahr unserer Wegführung, am Anfang des Jahres, am zehnten Tag des Monats") sticht sowohl durch seine Präzision als auch durch seine Offenheit in der Interpretation hervor. Diese Formel unterscheidet sich von anderen Datumsformeln bei Ezechiel. Sie enthält als einzige die Wendung *Rosch ha-Schana* (Anfang des Jahres), wodurch ihr außergewöhnlicher theologischer und erzählerischer Status hervorgehoben wird. Obwohl das Buch Ezechiel mehrere Datumsformeln enthält, ist keine liturgisch so eindrucksvoll wie diese. Ein Vergleich mit Ezechiel 29:17 verdeutlicht den Sachverhalt: obwohl auch hier eine ähnliche Struktur verwendet wird, lautet dieses Orakel einfach "am ersten Tag des ersten (Monats)", ohne die Wendung *Rosch ha-Schana* ausdrücklich zu verwenden. Der Unterschied legt nahe, dass Ezechiel 40:1 im Gegensatz zu 29:17 ein liturgisches Prisma von Bedeutungen öffnet. Die Mehrdeutigkeit liegt darin begründet, dass zwei große jüdische Kalendersysteme – das zivile und das kultische – konkurrierende Interpretationen darüber bieten, wann der "Jahresanfang" fällt.

Liest man Ezechiel 40:1 im Rahmen des bürgerlichen Kalenders, so bezieht sich *Rosch ha-Schana* auf den ersten Tag des Monats Tischri, und der "zehnte Tag" würde dann auf *Jom Kippur* verweisen. Nimmt man den kultischen Kalender, der in Exodus 12:2 wurzelt, dann kennzeichnet der "Anfang des Jahres" Nisan als ersten Monat, und der zehnte Tag würde stattdessen auf die Vorbereitungen für das Pessachfest hinweisen, genauer gesagt auf den Tag, an dem das Lamm ausgewählt wird (Exodus 12:3).

Was diese Mehrdeutigkeit eher produktiv als problematisch macht, ist ihre narrative und theologische Einordnung. Es ist wichtig zu beachten, dass die doppelten Interpretationsmöglichkeiten nicht aus der Textunsicherheit, sondern aus der kompositorischen Herangehensweise an die Vision resultieren. Geht man davon aus, dass Ezechiel die Vision direkt empfangen und präzise wiedergegeben hat, dann hätte er ein bestimmtes Datum im Sinn gehabt, entweder Nisan oder Tischri.

Wenn man die Vision hingegen als literarisches Konstrukt eines impliziten Autors betrachtet, könnte die Erwähnung von *Rosch Haschana* auf eine absichtliche Mehrdeutigkeit im Text selbst hindeuten.

Lesung 1: Tischri 10 – Jom Kippur als Rahmen

Bezieht sich der Text auf den zehnten Tag des Monats Tischri, so empfängt Ezechiel diese Tempelvision am *Jom Kippur*, dem Versöhnungstag. Diese Lesart passt zum prophetischen Kontext: der Tempel war zerstört, das Volk entweiht. Nun, genau an dem Tag, der die nationale Buße und die Reinigung des Heiligtums markierte (Lev 16), wird Ezechiel ein neues Heiligtum gezeigt. Die theologische Resonanz ist stark: Bevor die Herrlichkeit zurückkehrt, muss der Raum neu definiert werden.

Auf *Jom Kippur* folgt Sukkot (15.–21. Tischri), das Fest, das an die Wüstenaufenthalte Israels nach dem Auszug aus Ägypten erinnert. Bemerkenswerterweise wird Sukkot nicht in der Wüste selbst gefeiert, sondern erst nach dem Einzug Israels in das Land. Der *Jom-Kippur* -Rahmen legt somit nahe, dass diese Vision in den letzten Tagen der Wanderung stattfindet, in der Vorbereitung auf eine neue, dauerhafte Behausung. Die Abfolge von *Jom Kippur* bis Sukkot bildet einen symbolischen Bogen: Reinigung → Wiedereinzug → Freude.

In der weiteren liturgischen Tradition bilden die zehn Tage zwischen *Rosch ha-Schana* (1. Tischri) und *Jom Kippur* die Yamim Nora'im, die Tage der Ehrfurcht, eine Zeit der Besinnung, Buße und Vorbereitung auf die Begegnung mit Gott. Ezechiels Vision steht somit am Höhepunkt dieser heiligen Spannung und bietet eine visuelle Antwort auf eine Zeit der Stille und des Gerichts.

Lesung 2: 10. Nisan – Vorbereitung auf das Passahfest und prophetische Dringlichkeit

Alternativ lässt sich Ezechiel 40,1 als 10. Nisan lesen, sodass die Vision in die Vorbereitungen für das Passahfest eingeordnet wird. In Exodus 12,3 weist Gott Israel an, am zehnten Tag des Nisan ein Lamm auszuwählen und es bis zum vierzehnten aufzubewahren, wenn es geopfert wird. Diese Übergangszeit, in der das Volk mit dem zum Tode verurteilten Lamm verweilte, sollte das Volk auf die Nacht der Auszeichnung und der Flucht vorbereiten.

In diesem Kontext wird Ezechiels Exilgemeinde analog zu Israel in Ägypten: Sie lebt unter Bedrohung und bereitet sich doch auf die göttliche Erlösung vor. Ezechiel sieht den Tempel nicht als Ort der Ankunft, sondern als ein Versprechen, das in Spannung steht: ein Lamm, das beim Volk wohnt und auf Erlösung wartet. Der Tempel ist erwählt, vermessen und offenbart, aber noch nicht mit Ruhm erfüllt. Seine Anwesenheit signalisiert einen bevorstehenden Exodus.

Weitere Interpretationstiefe ergibt sich, wenn wir Ezechiel 40 mit Josua 4,19 vergleichen, wo die Israeliten den Jordan überqueren und genau am 10. Nisan das Gelobte Land betreten. Bei diesem ersten Einzug war das darauffolgende Passahfest von der ernüchternden Tatsache geprägt, dass nur zwei Menschen aus der Exodus-Generation überlebt hatten, um es zu erleben. Im Gegensatz dazu ist der erwartete zweite Einzug aus Babylonien (wenn man Ezechiel 40 als am 10. Nisan stattfindend liest) von Synchronizität, Öffentlichkeit und Stammesgeschlossenheit geprägt. Kein Stamm wird ausgeschlossen; kein Überrest muss umherirren. Die Vision signalisiert eine neue Art des Einzugs: einen, bei dem keine Generation dazu verdammt ist, in der Wüste zu sterben. Statt durch Tod und Verzögerung zersplittert zu werden, zieht die Gemeinschaft gemeinsam hinüber, vollständig versammelt und vollständig gesehen.

Diese Interpretation wird durch die Vision der vertrockneten Gebeine in Ezechiel 37, 1–11 weiter untermauert. Dort werden die Auferstandenen ausdrücklich als "das ganze Haus Israel" bezeichnet, was den zeitlichen und geografischen Rahmen der Rückkehr und Wiederherstellung erweitert. Darüber hinaus schildern die nachfolgenden Orakel eine Wiedervereinigung der Stämme Judäa und Josef und signalisieren damit eine postbabylonische Zukunft, in der eine solch tiefgreifende nationale Versöhnung möglich wird. Die Rückkehr ist vereint, maßvoll und geheiligt.

Theologische Konvergenz: Nicht entweder/oder, sondern vertieftes sowohl/als auch

Anstatt eine Lesart der anderen vorzuziehen, scheint Ezechiel 40:1 bewusst so platziert zu sein, dass beide hervorgerufen werden. Die doppelte Plausibilität von Jom Kippur und Nisan 10 verstärkt die theologische Kraft der Tempelvision: Sie ist sowohl Sühne als auch Vorwegnahme, sowohl Wiedereintritt als auch Auszug, sowohl Reinigung als auch Auszeichnung.

Kommunikativer Fluss

In Ezechiel 40–48 erfährt die kommunikative Dynamik einen tiefgreifenden Wandel. Anders als Mose oder David wird Ezechiel nicht beauftragt, ein Heiligtum zu errichten oder eine Gemeinde in die liturgische Erneuerung zu führen. Stattdessen wird er angewiesen, zu beobachten, zu messen und aufzuzeichnen: "Erzählt dem Haus Israel alles, was ihr seht" (40,4; vgl. 43,10). Seine Rolle ist nicht die eines aktiven Anführers, sondern die eines visionären Schreibers, der einen Tempel dokumentieren soll, der nur in der göttlichen Vorstellung existiert.

Die gesamte Begegnung ist wie eine visionäre Reise angelegt. Ezechiel wird durch eine vollständig geformte architektonische Realität geführt, doch es wird keine Umsetzung angeordnet, und es erscheinen keine menschlichen Figuren in diesem Raum. Es gibt keine Anbeter, keine Hohepriester, keine Rituale, nur Mauern, Tore, Maße und göttliche Präsenz. Die Wiederherstellung wird hier nicht inszeniert, sondern offenbart.

Bezeichnenderweise sind die Zuhörer nicht Ezechiels Zeitgenossen, sondern ein zurückgestelltes Volk: diejenigen, die nach Gericht und Exil eines Tages Scham erfahren und für die Heiligkeit empfänglich werden könnten (43,10–11). Die Tempelvision wird so zu einem erzählten Heiligtum, einem konzeptuellen und theologischen Raum, der innerlich getragen und nicht physisch rekonstruiert werden soll.

Die kommunikative Struktur spiegelt diese Distanz wider. JHWH spricht nur durch die Konturen des heiligen Raumes; Ezechiel übermittelt, predigt nicht. Die Adressaten sind namenlos, abwesend und vielleicht sogar ungeboren. Die Stille ist nicht zufällig, sie ist architektonisch. Es gibt keine Ermahnungen, keine unmittelbaren Reaktionen. Wiederherstellung ist weder unmittelbar noch dialogisch; sie ist in die Vision eingebettet und wartet darauf, von einer geheilten Vorstellungskraft bewohnt zu werden.

Form und Genre

Die Kapitel 40–48 lesen sich wie eine Mischung aus apokalyptischer Vision und priesterlicher Unterweisung: 40–42: Detaillierte architektonische

Messungen; 43–46: Kultvorschriften und Opfer Systeme; und 47–48: Kosmisch Neuordnung von Land und Stammes Grenzen.

Diese Struktur entspricht Exodus 25–31 und später Offenbarung 21–22, weist jedoch wesentliche Unterschiede auf: es gibt keinen Erbauer, keine Altarliturgie, keine gemeinschaftliche Einweihung. Die Maße sind oft unvollständig (z. B. fehlt die Angabe der Tempelhöhe), was den Charakter des Tempels als konzeptionelles Schema und nicht als Bauplan unterstreicht.

Die Landverteilungen (Kap. 47–48) beseitigen umstrittene Gebiete (z. B. Transjordanien) und verlagern Stämme symmetrisch, utopisch, aber nicht himmlisch. Dies ist nicht der Himmel. Dies ist ein überlebensfähiges Ideal, das nicht in der Transzendenz, sondern in konkreten Regelungen verankert ist. Wie Soo Kim Sweeney es ausdrückt: zu fantastisch für den Realismus, zu strukturiert für das Eschaton. Es ist eine mentale Schriftrolle, die die Verbannten mit strukturierter Wahrscheinlichkeit.

Symbole und Schlüsselwörter

Diese Vision weist radikale Brüche auf: die Mauern sind dicker (40:5), wodurch verhärtete Grenzen zwischen Heiligem und Profanem entstehen. Hinter dem Allerheiligsten befindet sich eine geheimnisvolle Kammer (41:12–15), JHWHs privater Raum, den er nie betritt. Transjordanien ist kein Platz zugewiesen, wodurch Regionen früherer Rebellion subtil ausgelöscht werden.

Noch, Kontinuitäten bleiben: Zadokit Priester Rückkehr, wobei die kultische Abstammung hervorgehoben wird (44:15–31). Ein davidischer Prinz erscheint nicht als König, sondern als untergeordnete

Figur (45:7 17). Zwölf Stämme und levitische Gesetze werden neu eingeschrieben, wodurch die Vision mit mosaischen Wurzeln verknüpft wird. Die Stadt heißt nicht mehr Jerusalem, sondern JHWH *Shammah* (48:35): "JHWH ist dort." Diese Umbenennung ist kosmetischer Natur; es stellt eine völlige theologische Neuorientierung dar. Die Stadt wird zu einem Wegweiser, einem Torwächter, einem liturgischen Kompass, nicht zu einer monarchischen Hauptstadt oder einem kultischen Zentrum.

Symbolische Geografie von Ezechiel 38–48: Drei Gipfel, zwei Ebenen

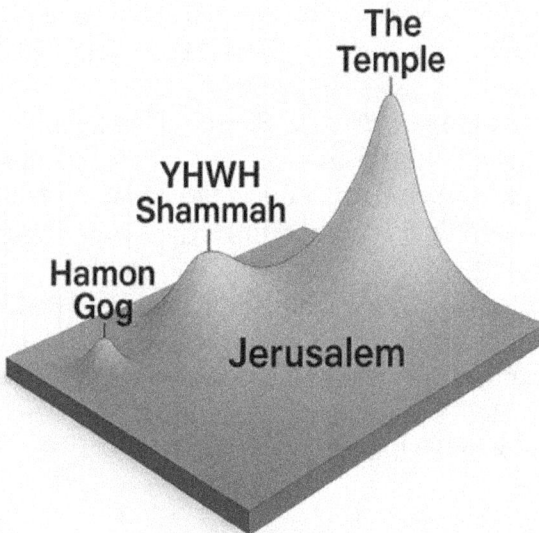

Diese 3D-Illustration modelliert die theologische Geografie der letzten Kapitel von Ezechiel als eine vielschichtige, dreiteilige Landschaft, nicht nur im Hinblick auf die physische Höhe, sondern auch hinsichtlich ihrer symbolischen Bedeutung und narrativen Rolle.

Der Tempel (Norden, höchster Gipfel)

Symbolische Funktion: Dies ist das wiederhergestellte heilige Zentrum. Es stellt die Wiederkehr der göttlichen Gegenwart dar (Ezechiel 43), nicht durch nostalgisch Erinnerung, aber durch eine neu gemessene Heiligkeit.

Lage: Nördlich der symbolischen Stadt JHWH *Shammah*, erhöht und abgelegen.

Rolle: Handlungen als ein heiliges Leuchtfeuer, sichtbar noch eingeschränkt, eine theologische Quelle der Heiligkeit. Es entspricht den levitischen Blaupausen, übertrifft sie aber in Abstraktion.

JHWH Shammah (Mitte, mittlere Ansicht)

Symbolische Funktion: die neue Stadt ersetzt das alte Jerusalem und wird in "JHWH ist dort" (48:35) umbenannt.

Schichtung: Diese Stadt überlagert die Erinnerung an Jerusalem. Sie ist nicht identisch, befindet sich aber am selben Ort, was auf eine Wiederbelebung der Identität durch die Umbenennung hindeutet.

Rolle: eine Torwächterstadt, die den heiligen Raum (Tempel) mit dem gereinigten Raum (Hamon-Gog) verbindet. Sie erfüllt eine vermittelnde Funktion, ist weder Heiligtum noch Schlachtfeld, sondern ein Wegweiser zum Heiligen.

Hamon-Gog (Süden, niedrigster Gipfel)

Symbolische Funktion: das Tal der endgültigen Reinigung, verbunden mit der Beerdigung von Gogs Armee (Ezechiel 39).

Geografische Logik: Wahrscheinlich im Südosten, in der Nähe des Toten Meeres, was die traditionelle Platzierung widerspiegelt von der Schlucht von Achor, ein Raum von Scham und Reinigung.

Rolle: Dies ist das Tor des Todes, der Ort des Jüngsten Gerichts und der rituellen Reinigung. Es versiegelt die Vergangenheit und sichert das Land für die göttliche Behausung.

Untere Schicht: Jerusalem (Alt)

Nicht gelöscht, sondern in der Erinnerung vergraben. Es ist das spirituelle Substrat, auf dem JHWH *Shammah* errichtet ist. Wie Palimpsest Städte überlagert das Neue das Alte, ehrt dessen Existenz und ersetzt gleichzeitig seine gescheiterten Strukturen.

Obere Schicht: JHWH Shammah

Die neue Identität ersetzt den Namen, bewahrt aber heilig Geografie. Der Stadt verbindet nach oben zum Tempel und nach unten zum Grabtal, wodurch eine vertikale Achse des Übergangs von der Schande zur Heiligung entsteht.

Theologische Botschaft

Nicht Eschatologische Himmel: der Tempel und Stadt sind nicht himmlisches Jerusalem. Es gibt noch Knochen, Bestattungen, Korrekturen, und Scham Management. Das ist nicht die endgültige Vollendung, sondern der Beginn disziplinierter Wiederherstellung.

Architektonisches Gedächtnis: die Landschaft ist kuratiert für moralische Erinnerung. Restaurierung ist nicht nachsichtig; es ist strukturiert und überwacht.

Doppelte Torwache: Hamon-Gog bewacht das südliche Tor und verhindert Scham und die Rückkehr der Unreinheit. JHWH *Shammah* bewacht das nördliche Tor, weist auf die göttliche Wiedereinführung hin und lädt zur Wachsamkeit ein.

Interpretative Implikation

Diese Geografie lädt Leser und Exilanten ein, nicht in das alte Jerusalem zurückzukehren, sondern sich durch Erinnerung, Struktur und heilige Wachsamkeit dem zu nähern, was daraus werden könnte. Es ist keine Stadt des Komforts, sondern eine Stadt der Disziplin, der Schwellen und der aufgeschobenen, aber dennoch bewahrten Hoffnung.

Thematische Funktionen

Ezechiels Wiederherstellung ist nicht permissiv, sondern präventiv. Diese Kapitel verkörpern eine Theologie posttraumatischer Heiligkeit. Die Stadt ist verloren. Das Exil hat die Gegenwart neu definiert. Was nun entsteht, ist keine nostalgische Rückkehr, sondern architektonische Erinnerung. Göttliche Gegenwart kehrt erst zurück, wenn Grenzen neu gezogen werden. Der Zugang für Priester ist eingeschränkt. Gottesdienste werden ritualisiert. Die Gemeinde bleibt namenlos. Heiligkeit wird hier durch Distanz gewahrt.

Im Klassenzimmer

Ezechiel 40–48 bietet eine ideale Gelegenheit für integratives, interdisziplinäres Lernen. Seine detaillierte Vision vereint architektonische Präzision, theologische Vorstellungskraft und liturgische Implikationen und macht es zu einem wertvollen Ort für die Auseinandersetzung der Studierenden mit Bibelstudien, Ethik und Design. Anstatt sich ausschließlich auf die Textanalyse zu konzentrieren, können Dozenten die Studierenden zu einer partizipativen Interpretation anleiten, bei der Raum, Stille und Abwesenheit zu Interpretationswerkzeugen werden.

Projekt "Raumethik": Fordern Sie die Schüler auf, ihren eigenen "heiligen Raum" mitbestimmten, erzwungenen Einschränkungen zu gestalten. Was muss ausgeschlossen werden, um die Heiligkeit des Inneren zu bewahren? Wie konstruieren Tore, Barrieren und Zugangsabstufungen ethische Bedeutung?

Workshop zum liturgischen Entwurf: Lassen Sie die Schüler Ezechiels visionären Tempel mit der Stiftshütte aus dem Exodus und Salomos Tempel in 1. Könige 6–8 vergleichen. Welche theologischen und politischen Annahmen stehen hinter den einzelnen Bauwerken? Was wird offenbart und was wird zurückgehalten?

Hermeneutik der Abwesenheit: Leiten Sie eine Seminardiskussion darüber, was in Ezechiels letzter Vision nicht vorkommt. Warum gibt es keinen Hohepriester, keine Bundeslade, keinen sichtbaren gemeinsamen Gottesdienst? Wie könnte Abwesenheit nicht als Verlust, sondern als theologische Neuausrichtung fungieren?

Diese Vision lädt die Schüler nicht nur dazu ein, sich mit dem Tempel zu befassen, sondern auch darüber nachzudenken, welche Anforderungen an Raum, Struktur und Stille für die Heiligkeit bestehen.

Predigteinblicke

Ezechiel 40–48 ist nicht eine Kommission zu bauen, aber eine Meditation darüber, wie man Heiligkeit durch das Exil tragen kann. Der Prophet ist kein Architekt, sondern Zeuge einer Struktur, die so heilig ist, dass sie nicht berührt.

Diese Vision war nicht dazu gedacht, umgesetzt zu werden, zumindest noch nicht. Sie sollte erhalten bleiben, um "ein kleines Heiligtum" im Exil zu schaffen

(11:16), eines, das in der Vorstellung und nicht in der Landschaft lebt.

Prediger müssen eschatologischer Überinterpretation widerstehen. Das ist nicht Offenbarung 21. Es ist die Voraussetzung für die heilige Rückkehr, der Plan, der einem zerschmetterten Volk hilft zu glauben, dass es noch Form, Bedeutung und Gegenwart.

Der Nachricht bei dem Ende von Ezechiel nicht Land, es erhebt sich. Es wartet, schwebt über dem Text, wie die Herrlichkeit über dem Tempel. Kein Ende, sondern eine Öffnung.

Ezechiel 40–48 ist nicht leicht zu predigen. Aber es bietet eine der tiefgründigsten theologischen Wendungen der Heiligen Schrift: Hoffnung ohne Besitz. Der Tempel wird angefahren, aber nicht betreten. Gott ist da, aber nicht überall. Der Prediger muss Name die Architektur von Zurückhaltung als Teil der göttlichen Barmherzigkeit. Was, wenn Wiederherstellung eine Neugestaltung erfordert? Was, wenn Präsenz eine Einschränkung erfordert? Der Ruf ist nicht, zurückzufordern, sondern mit Ehrfurcht zu empfangen und Distanz.

Fazit zu Teil II

Die Architektur von Ezechiel ist nicht ornamental, sondern theologisch. Aus Symbol zu Schweigen, aus Vision zu dem Buch spricht durch Struktur ebenso wie durch Sprache. In Teil II haben wir nachgezeichnet, wie das Buch Ezechiel seine Theologie nicht durch Klarheit, sondern durch Konstruktion entfaltet. Das Urteil ist choreografiert. Die Hoffnung ist begrenzt. Die Sprache ist bedacht.

Die Kapitel 4 und 5 bewegten sich von der Makrostruktur zur Mikroperformance, vom globalen Design der Schriftrolle bis zu ihren erschütterndsten symbolischen Handlungen. Jeder Abschnitt signalisierte einen Bruch, sei es durch das Schweigen in Ezechiel 24 oder die architektonische Vision der Kapitel 40–48. Bei Ezechiel schmückt die Form nicht den Inhalt. Sie ist Inhalt. Dies ist keine Prophezeiung als Überzeugung. Es ist Prophezeiung als Infrastruktur.

Teil II hat gezeigt uns das in Ezechiel, die Form der Schriftrolle ist die Botschaft: ihre Desorientierung, ihre Verzögerung, ihre versiegelte Hoffnung. Der scrollen ist entworfen zum Öffnen langsam. Die Menschen mögen verschwunden sein. Der Tempel mag kalt sein. Aber die Vision besteht fort.

Bleibt noch die Frage: wie leben wir mit dieser Art von Schriftrolle? Das ist die Aufgabe von Teil III.

Teil III
Leben mit Ezechiel

Ezechiel ist kein Buch, das man einfach zu Ende liest. Es ist vielmehr eine Schriftrolle, die sich in Desorientierung öffnet und mit einem Blick der Hoffnung endet. Während Teil II sich mit rhetorischen Strategien und literarischen Sequenzen befasst, verlagert Teil III seinen Fokus auf theologische Überlegungen. Dieser Abschnitt fragt nicht in erster Linie: "Was und wie hat Ezechiel sagen?", sondern: "Was müssen wir jetzt tragen?" Der Leser verwandelt sich vom Interpreten in einen theologischen Erben, der eine Schriftrolle trägt, die lebendig bleibt mit ungelöster Spannung.

Wie kann man mit einem Propheten koexistieren, dessen Körper einen göttlichen Bruch verkörpert? Was bedeutet es, über einen Text zu predigen, in dem das Urteil das Sprechen verstummen lässt und Wiederherstellung ohne Zustimmung erfolgt? Hier wird vorgeschlagen, dass Ezechiel nicht einen Weg zurück zu dem Verlorenen bietet, sondern einen Plan, um eine Rückkehr zu den Umständen zu verhindern, die zum Untergang des Volkes führten. Die Vision des Propheten ist keine nostalgische; sie ist architektonischer Natur: Sie entwirft Grenzen, wo einst grenzenloses Trauma herrschte, und kartiert Heiligkeit, wo Entweihung geherrscht hatte. Ezechiel ist nicht nur ein Prophet des Exils; er fungiert als Dramatiker der Prävention. Statt zu versuchen, Ezechiels Widersprüche aufzulösen, nimmt Teil III sie an. Er identifiziert die Lücken, stellt die Fragen dar und lauscht den ethischen

143

Nachwirkungen eines Gottes, der sowohl verlässt als auch zurückkehrt.

Die Kapitel in Teil III verfolgen diese Entwicklung aus verschiedenen Perspektiven. Kapitel 6 bietet eine thematische Synthese von Ezechiels theologischem Vokabular und verfolgt Präsenz, Gericht und Wiederherstellung entlang der Schriftrolle. Kapitel 7 untersucht ungelöste theologische Spannungen, die ihren Interpretationshorizont weiterhin prägen. Kapitel 8 reflektiert Ezechiels verkörperte Prophezeiung und die Ethik des Traumas und liest die Schriftrolle durch die Linse körperlicher Erfahrung und verzögerter Kommunikation. Kapitel 9 betrachtet die homiletischen Herausforderungen und Möglichkeiten, Ezechiel heute zu predigen. Kapitel 10 schließt mit einer Lesung von Ezechiels Architektur der Prävention, Erinnerung und theologischen Wachsamkeit und lädt die Leser ein, mit einer offenbleibenden Schriftrolle zu gehen.

Kapitel 6
Probleme und Themen im Buch Ezechiel

Das Buch Ezechiel präsentiert eine Konstellation theologischer Motive, die heftig, seltsam und letztlich ungelöst sind. Statt sich systematisch zu entfalten, ist seine Theologie in Vision, Inszenierung und Stille verwoben. Dieses Kapitel identifiziert fünf thematische Achsen, die das theologische Terrain der Schriftrolle definieren.

Göttliche Anwesenheit und Abwesenheit? Oder göttliche Ausdauer?

Ezechiels Antrittsvision beginnt mit einem visuellen und räumlichen Bruch: der Kavod (die Herrlichkeit) JHWHs erscheint über dem Kebar-Kanal in Babylon, nicht in Jerusalem. Die Mobilität der göttlichen Präsenz, dargestellt durch einen von Lebewesen getragenen Thronwagen und sich kreuzenden Rädern, erschüttert die theologische Erwartung, Heiligkeit sei nur im Tempel oder im Heiligen Land zu finden. Von Anfang an wird Gottes Präsenz als dynamisch dargestellt, fähig zur Bewegung auf und von ihm weg, sowohl sichtbar als auch verborgen.

Diese Beweglichkeit weicht schließlich einer scheinbaren Abwesenheit: in Ezechiel 10–11 verlässt der Kavod den Tempel, verharrt zunächst an der Schwelle und steigt dann aus der Stadt auf. Die Bewegung ist nicht abrupt, sondern schrittweise, scheinbar widerstrebend. Ein solches Muster wurde manchmal als Ausdruck göttlicher Ablehnung interpretiert.

Der innere Rhythmus der Schriftrolle deutet jedoch auf etwas Nachhaltigeres hin: eine Theologie des Ausharrens. Der langsame Abschied spiegelt eine unausgesprochene Ausdauer wider, eine göttliche Geduld unter Druck. Diese Zurückhaltung kommt in Ezechiel 6,9 am treffendsten zum Ausdruck: "ich war gebrochen durch ihr hurendes Herz." In diesem Moment treffen göttlicher Zorn und Trauer aufeinander. Das Pathos ist nicht theatralisch, sondern innerlich. Göttliche Ausdauer zeigt sich nicht als bloße Nachsicht, sondern als gegenseitiges Leiden, ein Schmerz, der auch dann noch anhält, wenn die Beziehung zerbricht.

Darüber hinaus ist die göttliche Gegenwart nicht völlig verschwunden. Die Heiligkeit, die einst den Tempel erfüllte, ist nicht erloschen, sondern in Spannung gehalten und begleitet die Verbannten in Schweigen und Verlust. So wird die göttliche Gegenwart in Ezechiel neu interpretiert als eine Gegenwart unter Zwang, die aus Mitgefühl zurückgehalten wird, um die Möglichkeit der Neuschöpfung zu ermöglichen. Ezechiel 11:16 offenbart, dass JHWH für die Verbannten zu einem *Miqdash Me'at*, einem kleinen Heiligtum, geworden ist. Während der Haupttempel dem Gericht überlassen bleibt, bietet Gott im Exil einen Teil seiner Gegenwart an. Diese subtile theologische Geste bekräftigt, dass Gottes Ausdauer nicht nur kosmischer, sondern auch gemeinschaftlicher Natur ist: Gott bleibt in verminderter Form unter den Menschen. Die Exilgemeinschaft ist somit nicht völlig verlassen; sie wird in ein gemeinsames Ausharren hineingezogen.

Später, in Ezechiel 43, kehrt die göttliche Herrlichkeit zurück, doch nicht als bloße Umkehr. Die Rückkehr erfolgt ruhig, gemessen und von klaren

Grenzen umrahmt. Ezechiel wird nicht beauftragt, diesen Tempel zu bauen, sondern nur zu beobachten und aufzuzeichnen. Der Neubau ist nicht von Überschwang, sondern von Vorsicht geprägt. Seine Stille, Symmetrie und räumliche Ordnung dienen als architektonisches Echo göttlicher Zurückhaltung. Diese Vision macht das Exil nicht ungeschehen; sie gibt ihm eine neue Ausrichtung und bietet einen heiligen Raum, der in der Erinnerung bewahrt wird, bevor er in Stein gemeißelt wird.

In diesem Licht betrachtet sind göttliche Anwesenheit und Abwesenheit bei Ezechiel keine binären Kategorien, sondern Abschnitte innerhalb eines größeren theologischen Bogens. JHWH geht nicht, um Gott abzulehnen, sondern um die Heiligkeit zu bewahren. Er bleibt im Exil, als *Miqdash Me'at*, und bleibt an der Seite des Volkes. Und wenn er zurückkehrt, geschieht dies nicht mit sofortigem Trost, sondern mit einer wohlüberlegten Absicht: er lädt das Volk ein, die göttliche Ausdauer mit ihrer eigenen zu teilen.

Das prophetische Zeugnis in Ezechiel ist also ein Zeugnis des gemeinsamen Wartens. Göttliche Geduld macht Abwesenheit nicht negiert; sie gibt ihr Form, Bedeutung und schließlich Richtung.

Urteil und Gerechtigkeit

Der Erste Hälfte von die scrollen ist dominiert von Gerichtsorakel mit Metaphern von Belagerung, Blut, Untreue und Unreinheit. Der Prophet erklärt Schuld mit der Stimme der Gewissheit. Und doch bleibt die Gewalt der göttlichen Antwort ethisch destabilisierend. Kann Gerechtigkeit so aussehen? Ezechiel besteht darauf das JHWHs Urteil ist abführend und nicht rachsüchtig; es soll reinigen, nicht einfach bestrafen. Aber dieser Anspruch wird nicht sanft erhoben. Die Text es verwässert weder sein Trauma, noch lädt es zu einer einfachen theologischen Rechtfertigung ein. Es fordert den Leser auf, die Gerechtigkeit Gottes in der einen Hand und den Schrecken des Exils in der anderen zu halten, ohne eines von beiden fallen zu lassen.

Verkörperte Prophezeiung

Im Gegensatz zu anderen Propheten wird Ezechiels Botschaft nicht nur gesprochen; sie wird gelebt, mit Gesten und Leiden erfüllt. Er wird stumm geschlagen, gefesselt und muss monatelang regungslos liegen und unreine Nahrung zu sich nehmen. Seine Frau stirbt, und es wird ihm verboten zu üben beliebig Trauer Rituale. Der Prophet wird die Nachricht. Das erhöht Fragen von prophetischer Agentur: Tat er Zustimmung? Tat er verstehen? Was bedeutet es, wenn Gottes Wort nicht nur Steine, sondern auch den Körper des Propheten zerbricht? Ezechiels Verkörperung treibt die Prophezeiung voran darüber hinaus Proklamation und hinein Performance, bei der theologische Wahrheit durch Gesten, Zwang und sogar Schmerz.

Kommunale Verantwortung und moralische Neuausrichtung

Eine der theologisch folgenreichsten Interventionen Ezechiels ist die Neuordnung der gemeinschaftlichen und generationellen Verantwort-ung. In einer kühnen Abkehr von der Formel der Ahnenstrafe im Dekalog ("die Schuld der Väter heimsuchen an den Kindern bis ins dritte und vierte Glied" [Exodus 20:5]) betont Ezechiel 18: "Wer sündigt, soll sterben." Dieses Orakel negiert weder die gemeinschaftliche Verantwortung noch befürwortet es den modernen Individualismus. Vielmehr unterscheidet es zwischen ererbter Schuld und Bundesverantwortung. Der Prophet fordert die Generation des Exils auf, nicht ihren Vorfahren die Schuld zu geben, sondern gemeinsam Buße zu tun. Zwar mag die Gemeinschaft noch immer die Konsequenzen für die Sünden ihrer Mitglieder tragen, was die anhaltende Realität moralischer Verstrickung widerspiegelt, doch der theologische Schwerpunkt hat sich verschoben: Jede Generation und jeder Mensch ist aufgerufen, JHWH mit Integrität zu antworten.

Ezechiels Vision vertritt somit ein Modell persönlicher und gemeinschaftlicher Verantwortung. Sie lehnt passive Opferrolle ab und betont zugleich, dass Sünde auch innerhalb der Bundesgemeinschaft Wellen schlägt. Der Aufruf richtet sich nicht an die Isolation, sondern an eine gemeinsame Wende, die Wiederherstellung der gemeinschaftlichen Identität durch gegenseitiges Eingeständnis von Fehlverhalten und gemeinsame Teilnahme an der Erneuerung.

Der Text erkennt jedoch auch eine schmerzliche moralische Asymmetrie: wenn die Gemeinschaft als Ganzes korrupt ist, fehlt es rechtschaffenen Einzelnen möglicherweise an der Macht, den kollektiven Kurs umzulenken. Solche Personen, unschuldig, aber verwickelt, werden oft zu isolierten Proteststimmen, die gegen die überwältigende Flut klagen. Ezechiel nennt sie nicht nur ethisch, sondern auch liturgisch. In Ezechiel 9 wird diese gläubige Minderheit als diejenigen bezeichnet, "die seufzen und stöhnen über all die Gräueltaten, die in Jerusalem begangen werden" (Vers 4). Diese Trauernden werden keineswegs ignoriert, sondern von Gott mit einem Tav auf der Stirn gekennzeichnet, einem Zeichen der Bewahrung, das an das Passahblut an den Türpfosten der Israeliten erinnert

(Ex 12,7). Sie werden nicht verschont, weil sie sich aus der Gemeinschaft zurückgezogen haben, sondern weil sie ihr moralisch treu geblieben sind.

Diese Vision steht im Einklang mit Jesu späterer Lehre: "Selig sind, die da leid tragen; denn sie sollen getröstet werden" (Mt 5,4). Ezechiel 9 bekräftigt, dass Klagen kein Versagen des Glaubens ist, sondern dessen tiefster Ausdruck in einer zusammenbrechenden Welt. Durch das klagende Zeugnis der Wenigen entsteht eine Ethik der Reste: Selbst, wenn die Mehrheit nicht reagiert, ruht Gottes Aufmerksamkeit auf denen, die solidarisch trauern. Sie sind nicht nur Überlebende; sie sind die Keimzellen einer neuen Gemeinschaft.

Heiliger Raum und Reterritorialisierung

Obwohl Ezechiel die Entweihung des Tempels betrauert, stellt er sich dessen Wiederherstellung nicht als bloße Rückkehr zu den alten Grenzen vor. Vielmehr werden in den letzten Abschnitten des Buches, einschließlich der Beerdigung von Gogs Truppen in Hamon-Gog (39,11–16), Land, Volk und heilige Identität durch eine Logik der Reterritorialisierung neu definiert. Es entstehen Geografie und eine Gemeinschaft, die durch die durchgeführte Reinigung und die Erneuerung des Bundes verwandelt wurden.

Hamon-Gog (wörtlich "die Vielzahl von Gog") wird eine Nekropole, ein liminal Ort Wo den Rückstand der kosmischen Opposition wird vom Volk Israel selbst begraben. Hier ist der Akt der Beerdigung weder zufällig noch pragmatisch; es ist liturgisch. Der Menschen Übergang von passiven Überlebenden zu aktiven Priestern, die das Land nicht durch Eroberung, sondern durch heilige Arbeit zurückerobern. Indem sie Knochen markieren und das Land reinigen, bereiten sie es rituell auf die Rückkehr von JHWHs Gegenwart vor.

Diese Reterritorialisierung geht über die Geografie hinaus und erstreckt sich auf die Berufung. Israel, einst Gegenstand des Urteils, wird nun zu dessen Handelndem – nicht durch Gewalt, aber in Heiligung. Der Akt von Beerdigung Signale eine theologische Umkehrung: Diejenigen, die einst zu den Toten zählten (vgl. Kap. 37), sind nun diejenigen, die den Toten dienen. Indem das Volk diese priesterliche Pflicht erfüllt, erlangt es seine Berufung zurück, die erstmals in Exodus 19 erwähnt wird: ein Königreich von Priestern und eine heilige Nation zu sein, die zwischen JHWH und die Nationen.

Die Neugestaltung des heiligen Raums in den Kapiteln 40–48 folgt einer bestimmten Logik: die Priestergrenzen werden neu gezogen, und die Rollen der Leviten und Zadokiter werden für den neuen Dienst neu strukturiert. Das Land wird neu verteilt, die Stammeszugehörigkeit neu geregelt und heilige und weltliche Zonen klar abgegrenzt. Jerusalem erhält einen neuen Namen; einst nur eine Stadt mit dem Tempel, ist sie nun als JHWH-*Schamma* ("der HERR ist dort" [48:35]) bekannt und dient Pilgern als Wegweiser, die kommen, um die Gegenwart Gottes zu erfahren.

Der heilige Raum wird also nicht aus der Erinnerung wiederhergestellt, sondern aus den Nachwirkungen konstruiert. Die Beerdigung von Hamon-Gog ist kein Epilog zum Konflikt, sondern eine Ouvertüre zur Gegenwart. Die Bewegung des Volkes vom Verurteilten zum Priester, vom Zerstreuten zum Heiligen, definiert seine Rolle neu: nicht länger ein passiver Empfänger göttlicher Rettung, sondern ein aktiver Vermittler göttlicher Heiligkeit. In Ezechiels Vision ist die Reterritorialisierung eine priesterliche Aufgabe, und die Bereitschaft des Landes zum Ruhm hängt nicht vom militärischen Triumph ab, sondern von der Treue derer, die sich jetzt vorbereiten es.

Abschluss

Das Buch Ezechiel erfordert theologische Wachsamkeit und moralische Ehrlichkeit. Die in diesem Kapitel behandelten Themen – Präsenz, Gerechtigkeit, Verkörperung, Verantwortung und heiliger Raum – lösen die Spannungen des Buches nicht, sondern vertiefen sie. Die folgenden Kapitel fragen nun: Was passiert, wenn diese Spannungen nicht nur interpretiert, sondern gelebt werden? Was wird aus einem Propheten, dessen Leiden vorherbestimmt war? Und wie können Gemeinschaften heute eine Schriftrolle tragen, die sich nicht schließen lässt?

Kapitel 7
Der Körper des Propheten, das Trauma der Gemeinschaft
Verkörperte Vermittlung in Ezechiel

Ezechiel spricht nicht einfach für Gott; er wird zur Botschaft. Sein Körper wird eingezogen in ein göttliches Theater, Werden beide ein Symbol und ein Ort des theologischen Bruchs. Dieses Kapitel untersucht den Körper des Propheten als vermittelnde Oberfläche, durch die göttliche Trauer, Urteil und sogar Reue sichtbar werden. Das Trauma der Gemeinde wird nicht nur angesprochen, sondern in Ezechiels Fleisch inszeniert. Und in dieser Aufführung vermittelt die Schriftrolle Schmerz, ohne sofortigen Erfolg zu versprechen. Heilung.

Der Prophet als verkörperte Schwelle

Ezechiels prophetische Identität ist nicht gegeben durch Sprache aber durch Transformation. Er ist zum Schweigen gebracht (Hes 3,26), bewegungsunfähig (4,4–8), verunreinigt (4,12–15), rasiert (5,1–4) und beraubt (24,15–24). Sein Körper wird zum Ort göttlicher Botschaften, die Worte allein nicht vermitteln können.

Das Ausführungsform verunsichert prophetisch Kategorien. Er ist nicht einfach ein Sprachrohr, sondern eine Schwelle, an der göttliches Urteil, menschliches Leid und symbolische Leistung aufeinandertreffen. Die Schriftrolle verweigert wiederholt die Interpretation und überlässt es der Gemeinschaft und dem Leser, konfrontieren die Auswirkungen ohne Auflösung.

Verkörperte Trauer, aufgeschobene Trauer und die Wiederherstellung des Vergessenen: Ezechiel 24

Der Tod von Ezechiels Frau ("die Wonne deiner Augen") markiert den Höhepunkt verkörperter Prophezeiung (Hes 24,15–27). Ihm wird öffentliche Trauer verboten – ein Gebot, das sowohl kulturelle Normen als auch persönliche Trauer verletzt. Das Ereignis ist doppelt symbolisch: es spiegelt Jerusalems bevorstehenden Fall und Gottes eigenen Verlust wider. Doch der Text bietet keinen Trost. Es gibt keine aufgezeichnete Reaktion des Publikums. Die Stille ist ohrenbetäubend. Was bedeutet es, wenn Trauer nicht geteilt wird, wenn Trauer nicht erlaubt ist? Ezechiel wird zu einer theologischen Frage statt einer pastoralen Antwort.

Doch was, wenn diese prophetischen Handlungen nicht bloß illustrativer Natur sind? Was, wenn sie inkarnatorisch sind und nicht nur den göttlichen Schmerz widerspiegeln, sondern ihn vermitteln, indem sie JHWHs eigene innere Verwüstung im Körper des Propheten visualisieren? In diesem Kontext wird Ezechiel nicht von Gott distanziert, um an seiner Stelle zu leiden, sondern er wird zu der göttlichen Erfahrung eingeladen: "Sie sollen mit menschlichen Augen sehen, wie ich leide." Das heißt, Ezechiels stille Trauer wird zu einem lebendigen Sinnbild Gottes, der sein Mitgefühl zurückhält, um sein Volk zu reinigen. Heiligkeit kann nicht ohne einen kostspieligen Bruch wiederhergestellt werden, und der Prophet trägt die Last dieses Bruchs – nicht symbolisch, sondern körperlich.

Wenn das so ist, dann besteht die unausgesprochene Aufgabe an Leser und Prediger heute nicht nur darin, den Tod der Frau des Propheten als ein Zeichen zu interpretieren, sondern auch, ihre

154

Würde wiederherzustellen. Sie wurde nicht öffentlich betrauert, nicht rituell begraben, nicht namentlich erwähnt, und doch markierte ihr Verlust eine göttliche Schwelle. Indem die Leser sie jetzt ehren, vollziehen sie eine verzögerte Trauer nach, die im Moment verboten war. Dies ist nicht nur literarische Wiederherstellung; es ist theologische Wiedergutmachung. Prediger müssen ihre Gemeinden auffordern, im Rückblick die Trauernden zu werden, die ihr verwehrt wurden. Auf diese Weise würdigen sie nicht nur die prophetische Wunde, sondern erkennen auch den Gott an, der im Stillen trauert und dessen Liebe, wenn auch verhüllt, durchs Feuer hindurch Bestand hat.

Ezechiel: *Homo Sacer*? Oder ein Begleiter des göttlichen Pathos?

Wenn wir die oben skizzierte Interpretationslogik akzeptieren, dann bietet uns Ezechiel 24 einen seltenen Einblick in die prophetische Literatur: göttliche Verletzlichkeit. Der Verlust, den Ezechiel erleidet, ist nicht nur sein eigener; er spiegelt Gottes Schmerz über die Befleckung und Zerstörung der Bundesbeziehung wider. Die unausgesprochene Trauer in Ezechiel 24 spiegelt eine göttliche Trauer wider, die zu tief für Worte ist. Was, wenn Gott nicht nur Richter, sondern auch Trauernder ist? Was, wenn das göttliche Gebot, nicht zu trauern, keine Verleugnung des Schmerzes, sondern dessen Einschreibung ist? Ezechiels Gehorsam wird so nicht nur treu, sondern auch mitschuldig am göttlichen Leiden, einer Last, die die prophetische Berufung in aufopfernde Teilnahme umformt.

In diesem Licht können wir fragen: ist Ezechiel ein *homo sacer*, eine Figur, die durch heilige Ausnahme und rechtlichen Ausschluss gekennzeichnet ist, wie

Giorgio Agamben theoretisiert, oder ist er ein Begleiter des göttlichen Pathos? Die Antwort könnte beides sein. Tatsächlich weist Ezechiel viele Merkmale des *homo sacer* auf: er ist des üblichen rechtlichen oder relationalen Schutzes beraubt, die öffentliche Trauer wird ihm verwehrt, und er unterliegt Befehlen, die ihn vom gemeinschaftlichen Rhythmus der Trauer und des Trostes isolieren. Er ist heilig und doch entbehrlich, zentral und doch ausgeschlossen.

Doch diese Lesart ist zwar passend, aber nicht ausreichend. Was im Fall Ezechiel noch deutlicher hervortritt, ist eine Umkehrung innerhalb der Struktur der Außergewöhnlichkeit selbst. In Agambens Paradigma definieren der Souverän und der *Homo sacer* entgegengesetzte Enden des rechtlichen Spektrums; der Souverän suspendiert das Gesetz von oben, während der *Homo sacer* vom Gesetz von unten ausgeschlossen ist. Doch bei Ezechiel werden wir Zeuge von etwas in der Theologie des Alten Orients Unvorstellbarem: der souveräne Gott nimmt freiwillig die Position des *Homo sacer* ein. Diese Tat wird ihm nicht aufgezwungen, sie ist selbstgewählt. JHWH, dem aufgrund der langjährigen Bundesbeziehung keine andere Wahl bleibt, als gebrochen zu werden (6,9), entscheidet sich, im Exil zu bleiben (11,16), er erträgt Entweihung und Verzögerung – und das alles um einer notwendigen Läuterung willen, die eine Neuschöpfung ermöglichen soll.

Diese göttliche Selbsterniedrigung ist nicht abstrakt. Sie findet in Ezechiels verkörperten Taten ihren Ausdruck. Wenn wir Ezechiels Gesten nicht nur als prophetische Taten, sondern als sichtbare Symbole göttlichen Schmerzes verstehen, dann ist der Prophet nicht nur ein Diener, sondern ein Mitleidender. Gott befiehlt das Leiden nicht einfach; er erleidet es. Und Ezechiel wird zum Spiegel, in dem sich dieses göttliche

Ausharren für das Volk bricht.

Worum geht es dabei? Reinigung. Ohne Reinigung kann es keine neue Schöpfung geben. Und damit diese Reinigung legitim ist, muss sie von tiefstem Mitgefühl begleitet sein – Mitgefühl, das so tief ist, dass es eine Zeit lang zurückgehalten werden muss. Ezechiel ist daher nicht nur dazu berufen, das Gericht zu verkünden, sondern es auch zu tragen. Damit veranschaulicht er den Exilanten, was es bedeutet, sich Gott nicht in der Souveränität, sondern im Leiden anzuschließen.

Doch was geschieht, wenn dieser Moment des Opfers vorüber ist, wenn Jerusalem gefallen ist und die Trauer vollkommen ist? Hier spricht der Text eine stille homiletische Einladung aus: zu gedenken und zu trauern. Diejenige, der die Trauer verwehrt blieb, Ezechiels Frau, darf nicht vergessen werden. Ihr Tod wurde, wie so viele andere, zu einem Symbol, das in Schweigen gehüllt wurde. Nun ist es die Aufgabe der Leser, Zuhörer und Prediger, ihre Ehre wiederherzustellen. Dabei erinnern sie sich nicht nur an eine Frau oder einen Propheten, sondern teilen das göttliche Pathos, das selbst den unaussprechlichsten Verlusten Würde verleiht.

Trauma, Archiv und Übertragung: Prophezeiung als gemeinsame Verletzlichkeit

Das Buch Ezechiel ist nicht nur ein prophetisches Dokument; es ist ein Trauma-Archiv. Seine unzusammenhängende Zeitlichkeit, sein Schweigen und seine plötzlichen Brüche sowie die ambivalenten Reaktionen des Publikums deuten darauf hin, dass der Text in einem Zustand des Bruchs geschrieben und überliefert wurde. Die Schriftrolle erzählt nicht von der Lösung; sie setzt sie außer Kraft.

Ein traumatisierter Autor

Ezechiel, eine prophetische Figur, verkündet seine göttlichen Reden nicht klar und gebieterisch. Seine Rolle ist geprägt von unfreiwilligem Schweigen (z. B. 3,26; 24,27), von symbolischen Handlungen, die eher isolieren als überzeugen (Kap. 4–5), und vom unerträglichen Verlust persönlicher Liebe (24,15–18). Er ist nicht einfach ein Sprachrohr Gottes; er ist ein verletzter Zeuge. Sein Körper wird zum Ort, an dem göttlicher Schmerz gebrochen, inszeniert und verzögert wird. Der Prophet erklärt kein Trauma, er archiviert es. Die Schriftrolle wird in diesem Licht zu einem Gefäß des aufgeschobenen Zeugnisses.

Traumatisierte Charaktere

Die Exilgemeinde in der Erzählung teilt diesen Zustand. Sie spricht selten, ihre Handlungsfähigkeit ist minimal. Wenn sie spricht, werden ihre Worte oft von JHWH zitiert, nur um getadelt zu werden (z. B. 12,22–23; 18,2). Sie existieren als diejenigen, die "Ohren haben, aber nicht hören", nicht nur aus Rebellion, sondern aus spiritueller Erschöpfung. Das Trauma der Vertreibung, des Tempelverlusts und des historischen Bruchs macht sie stumm, skeptisch oder gefühllos. Sie sind nicht nur Empfänger des Urteils; sie sind Träger kollektiver Desorientierung.

Traumatisierte Leser

Moderne Leser, insbesondere solche, die von Krieg, Vertreibung, ererbtem religiösen Schmerz oder gar kirchlichem Missbrauch geprägt sind, begegnen Ezechiel oft mit ähnlicher Ambivalenz. Die Härte des Urteils, die Distanz Gottes und die aufgeschobene Hoffnung können ihnen unheimlich vertraut vorkommen. Für diese Leser muss die ungelöste Trauer der Schriftrolle nicht wegerklärt werden. Sie muss erkannt werden. Die Stille im Text wird zum Spiegel ihrer eigenen aufgeschobenen Klagesprache.

Auf dem Weg zur gegenseitigen Anerkennung

Doch in diesem gemeinsamen Bruch liegt eine Möglichkeit. Wenn Ezechiel ein traumatisierter Schreiber ist, wenn sein Publikum im Text ein traumatisiertes Volk ist und wenn wir zum Teil traumatisierte Leser sind, dann verschiebt sich die Funktion des Textes. Er ist nicht länger eine statische Verkündigung des göttlichen Willens. Er wird zu einem dialogischen Archiv, einem Ort, an dem Traumata nicht gelöst, sondern benannt werden; an der Trauer nicht geleugnet, sondern ertragen wird.

Heilung entsteht in einem solchen Modell nicht durch unmittelbare Lösung, sondern durch gegenseitige Anerkennung. Der Gehorsam des Propheten, das Schweigen der Gemeinde und die ungeklärten Fragen des Lesers sind Teil einer heiligen Übertragung. Jeder legt Zeugnis für die anderen ab. Und damit eröffnen sie die Möglichkeit einer zukünftigen Antwort: eine, die tröstet, ohne abzutun, erinnert, ohne zu romantisieren, und das Leiden würdigt, ohne dem Leiden das letzte Wort zu überlassen.

Abschluss

Ezechiels Körper, gebrochen und ungelesen, wird zu einer heiligen Wunde, einem Ort, an dem göttliche Absicht und menschliche Begrenzung aufeinanderprallen. Anstatt zu erklären Leiden, die Schriftrolle verkörpert es. Anstatt das Trauma zu lösen, zeichnet sie es auf.

Ezechiel zu lesen bedeutet, sich mit dieser verkörperten Klage auseinanderzusetzen, nicht sie weg zu interpretieren, sondern sich ihrem Schweigen anzuschließen, ihre Umrisse nachzuzeichnen und vielleicht durch ihre Weigerung, zu beruhigen, verändert zu werden. Der Prophet wird nicht zum Helden des Glaubens, sondern zum Träger des Bruchs, durch den Gottes ungelöste Gegenwart noch immer spricht.

Kapitel 8
Predigt von Ezechiel in Ruinen und Wiedereintritt

Aus Ezechiel zu predigen ist nichts für diejenigen, die Komplexität wegerklären wollen. Es ist eine Berufung, sich mit göttlicher Zerrüttung auseinanderzusetzen und unerfüllter Hoffnung Ausdruck zu verleihen. In einem Text, in dem die Präsenz mobil ist, das Publikum gespalten ist und der Prophet in der Stille verschwindet, schließt der Prediger die Schriftrolle nicht, sondern öffnet sie erneut.

Ezechiel zu predigen bedeutet, zwischen Ruinen zu wandeln, nicht als Baumeister, sondern als Zeuge. Der Prediger ist nicht Ezechiel, nicht JHWH, und nicht der Rest. Sie ist die einer, der belauscht. Der Aufgabe ist nicht zu wiederherstellen Vertrauen, sondern die Aufmerksamkeit wiederherzustellen, um den Gemeinden zu helfen, zu hören, was Gott einst sagte, als die Welt zusammenbrach, und was Gott noch sagen könnte, wenn die Wiederherstellung noch nicht abgeschlossen ist. erreichen.

Vom Dolmetscher zum Teilnehmer

Traditionell Homiletik oft Abgüsse die Prediger als Vermittler zwischen biblischem Text und modernem Publikum, der interpretiert, kontextualisiert und anwendet. Doch bei Ezechiel gerät dieses Modell ins Wanken. Das Schweigen des Propheten, seine unerhörten Orakel, seine unbetrauerten Verluste und seine ritualisierte Trauer widersetzen sich der Vermittlung. Sie verlangen nach Beteiligung.

Um Ezechiel zu predigen, muss der Prediger ein Leser-Zeuge werden, jemand, der sich erneut mit den Unannehmlichkeiten des Textes auseinandersetzt, nicht um sie weg zu erklären, sondern um von ihnen geformt. Es ist eine Hermeneutik der Nähe: nicht "Was bedeutet das?", sondern "Was macht das aus mir?" Ezechiels Schriftrolle formt diejenigen, die sich wagen, sich mit ihr zu befassen, nicht mit Klarheit, sondern mit Bereitschaft.

Ministerium in Verzug

Ezechiel ist ein Vorbild für einen Dienst, der ausgesetzt, aufgeschoben und unbeachtet bleibt. Der Prophet überbringt Botschaften, auf die kaum eine Reaktion erfolgt, vollführt Zeichen, die niemand kommentiert, und hält Worte für eine Zukunft fest, die vielleicht nie eintritt. Und doch bleibt er treu – nicht wegen der Ergebnisse, sondern aufgrund göttlicher Beauftragung.

Das ist tief relevant zu zeitgenössisch Dienst in Kontexten spiritueller Erschöpfung, gesellschaftlicher Brüche oder institutionellen Niedergangs. Ezechiel formuliert prophetische Erfolg weg von messbarer Reaktion hin zu treuem Zeugnis. Er lehrt das Schweigen ist nicht Versagen, aber eine Form von Treue.

Predigen im Exil: Fünf Praktiken

Aus Ezechiel zu predigen bedeutet, einen Raum des Bruchs zu betreten, in dem die Sprache stockt, der Körper Bedeutung aufnimmt und die göttliche Gegenwart ebenso viel verbirgt wie offenbart. Ezechiels Schriftrolle erfordert eine andere homiletische Haltung: eine, die nicht löst, sondern begleitet; eine, die weder Traumata verschweigt noch Heilung beschleunigt. Die folgenden fünf Praktiken bieten einen Rahmen für die Predigt von Ezechiel im Geiste der Treue im Exil.

Widerstand gegen Auflösung: Lassen Sie den Text angespannt bleiben

Ezechiel bietet keinen einfachen Abschluss. Seine Metaphern bleiben ungeklärt, seine Urteile ungelöst und seine Visionen aufgeschoben. Prediger müssen dem Drang widerstehen, diese Spannungen zu zähmen. Sie dürfen göttliche Gewalt nicht abschwächen, Symbolik nicht überdeutlich erklären und theologisches Schweigen nicht zu schnell füllen. Lassen Sie Raum für Mehrdeutigkeiten und Unterbrechungen. Dadurch wird die Predigt nicht zu einer Lösung, sondern zu einem Raum für göttliche Dissonanz und menschliche Ehrlichkeit.

Ehre den Körper: Lass den Boten die Botschaft verkörpern Ezechiels prophetische Handlungen sind nicht nur verbal, sondern zutiefst körperlich.

Sein Schweigen, seine Haltung und seine Bewegungen tragen die Kraft göttlicher Absicht. Auch beim Predigen heute kommt es nicht nur darauf an, was gesagt wird, sondern wie der Körper spricht. Tonfall, Gestik, Stille und Atem sind entscheidend. Der Körper des Predigers wird zum sekundären Text und verkörpert die Spannung, Trauer oder Hoffnung, die in der Schriftrolle stecken.

Benennen Sie das Trauma: Sprechen Sie, was andere vermeiden

Ezechiel nennt Namen ohne Euphemismus. Er spricht mit beunruhigender Klarheit von der Entweihung des Tempels, der Verwüstung des Volkes und Gottes Rückzug. Heutige Prediger sind eingeladen, dasselbe zu tun. Wenn Gemeinden mit spiritueller

Apathie, kirchlicher Zersplitterung oder kultureller Verleugnung konfrontiert sind, müssen Predigten mit unerschütterlichem Mitgefühl sprechen. Wahrhaftige Predigten retraumatisieren nicht; sie legen Zeugnis ab.

Die Ökologie der Vertreibung ansprechen: den Ort als theologischen Text betrachten

In Ezechiel hört das Land, bevor das Volk es tut (Hes 36). Gott spricht Berge, Flüsse und Erde an, als wären sie lebendige Partner im Bund. Die Predigt muss sich ebenso mit der Ökologie der Vertreibung, der Heiligkeit vernarbter Orte, der Resonanz von Ruinen und der Bedeutung verlorener und neu interpretierter Orte befassen. Wiederherstellung ist nicht nur spirituell, sondern auch räumlich. Gottes Gegenwart mag über den Tempel hinausgehen, verlässt aber nie die Schöpfung.

Einladen ohne Abschluss: Akzeptieren Sie das unvollendete Warten

Ezechiel endet nicht mit einer Rückkehr, sondern mit einer Vision. Der neue Tempel wurde gezeichnet, aber nie gebaut. Die Stadt wird umbenannt, aber noch ist niemand eingetreten. Auch die Predigt sollte nicht verkünden, dass Heilung gekommen ist. Stattdessen sollte sie von göttlicher Ausdauer zeugen und Raum zum Atemanhalten bieten. Wenn Gott innehält, halten wir inne. Wenn Gott in Stille verharrt, warten wir mit ihm. Der Prediger wird zumjenigen, der die Schafe festhält, bis der Hirte zurückkehrt.

Abschluss

In Ezechiel geht es nicht nur darum, was gepredigt werden soll. Es geht darum, was Predigen ist. Die Schriftrolle betont, dass Predigten weder triumphierend noch körperlos sein dürfen. Sie müssen gelebt, ertragen und manchmal betrauert werden.

Der Prediger ist weder die Herrlichkeit noch das Volk, sondern derjenige, der sich an das Gesehene erinnert und davon Zeugnis ablegt. Wie Ezechiel tragen Prediger heute Schriftrollen voll von Feuer, Paradox, und heilig Verzögerung. Wir sind nicht angerufen zu lösen die Text, aber zu halten es intakt, sogar wenn niemand zuzuhören scheint. Das ist Predigen im Exil. Das ist das Ministerium für Ruinen.

Kapitel 9
Von Hamon-Gog bis JHWH Shammah
Ezechiels Architektur zur Verhinderung der Rückkehr

Das Buch Ezechiel wird oft als eine Schriftrolle aufgeschobener Kommunikation, geformt von Exil und rhetorische Verwerfungen. Doch jenseits seiner kommunikativen Architektur liegt ein strukturelleres Problem: wie lässt sich ein Rückfall in bundesmäßig Versagen. Aus die grotesk Beerdigung Ort von Hamon-Gog (Ezechiel 39) zur utopischen Stadt JHWHs *Schamma* (Ezechiel 48), entwirft Ezechiel eine moralische Kartographie, in der göttliche Präsenz nur durch strategische Distanz, rituelle Sättigung und visualisierte Scham nachhaltig wird. Dies ist kein eschatologischer Idealismus; es ist präventiv Theologie.

Das grundlegende Problem und die grundlegende Lösung: Göttliche Wiederherstellung, menschliche Rückfälligkeit

Im Zentrum von Ezechiels prophetischer Theologie liegt ein Paradoxon, das zugleich ernüchternd und hoffnungsvoll ist: JHWH wird sein Volk wiederherstellen, doch es könnte erneut rückfällig werden. Ezechiel entwirft weder eine naive Utopie noch ein dauerhaft reformiertes Volk. Stattdessen entwickelt die Schriftrolle eine Vision der Wiederherstellung, die sorgfältig strukturiert ist, um vor wiederkehrender Untreue zu schützen – eine Vision nicht vollkommener Heiligkeit, sondern präventiver Heiligkeit. Deshalb prägen Trennwände, Maße und Stille den endgültigen

Tempel. Die Wiederherstellung der göttlichen Gegenwart (Ezechiel 43) ist real, aber auch riskant. Gott kehrt zurück, aber erst nach gründlicher Reinigung.

Das Kernproblem der Menschheit ist also die Rückfälligkeit, ein hartnäckiges Muster des Verrats, das durch religiöse Nostalgie oder institutionelle Selbstgefälligkeit maskiert wird. Dabei handelt es sich nicht einfach um moralische Schwäche; es geht um das Versäumnis, sich mit der Tiefe der eigenen Entfremdung von Gott auseinanderzusetzen. In diesem Sinne ist das grundlegende Problem nicht nur die Sünde, sondern das Vergessen der Schwere des Verrats – ein Vergessen, das zur Wiederholung führt.

Vor diesem Hintergrund schlägt Ezechiel eine überraschende Lösung vor: nicht nur strengere Gesetze oder neue Rituale, sondern Scham. "Dann werdet ihr an eure bösen Taten denken … und euch selbst verabscheuen wegen eurer Sünden" (Ezechiel 36, 31). Das Volk muss Scham empfinden, aber nicht als soziale Schande oder vom Feind verursachte Demütigung. Es muss ethische, verinnerlichte Scham erfahren: den stillen Schmerz, der entsteht, wenn man endlich erkennt, was Gott erduldet hat, um zu bleiben.

Diese Scham ist kein Werkzeug göttlicher Grausamkeit. Sie ist ein Zeichen des Erwachens in der Beziehung. Die Menschen hatten angenommen, Gottes Zorn sei irrational oder er sei einfach von den Göttern Babylons überwältigt worden. Ihr Trauma hatte ihre Theologie verzerrt. Doch als sie verstanden, dass JHWH nicht besiegt, sondern gezügelt, nicht rachsüchtig, sondern verwundet war und sich entschied, die Schändung zu ertragen, um eines Tages wieder bei ihnen zu wohnen, verwandelte sich die Scham von einer Waffe in einen Spiegel.

Dies ist die grundlegende Lösung: nicht, um künftiges Versagen zu verhindern, sondern um eine wiederhergestellte Beziehung zu schaffen, die auf gemeinsamer Erinnerung und gegenseitigem Schmerz gründet. Die Scham der Menschen wird zum Raum, in dem sie endlich Gottes Mitgefühl verstehen – nicht als Sanftmut, sondern als kostspielige Zurückhaltung. So ersetzt Gott die von Feinden auferlegte Scham durch die Trauer, die aus Einsicht entsteht. Es geht nicht mehr darum, was Babylon ihnen angetan hat, sondern darum, was sie JHWH angetan haben und was JHWH ertrug, noch bei ihnen zu sein.

Das Ende von Ezechiels Vision ist also keine romantisierte Versöhnung, sondern eine feierliche, nachhaltige Gemeinschaft. Die Menschen sind nicht unschuldig, aber sie sind nicht länger vergesslich. Ihre Scham ist keine Verdammnis, sondern Weihe. Und in dieser heiligen Reue wird der Kreislauf vielleicht nicht durchbrochen, aber man erinnert sich an ihn und erlöst ihn durch die Erinnerung.

Der *Miqdash Me'at*: Präsenz in der Exil-Schwebe

Zwischen göttlicher Wiederherstellung und menschlichem Rückfall liegt ein langer, schwebender Mittelweg: das Exil ist nicht nur Strafe, sondern spiritueller Brutplatz. In dieser Grenzzone fungiert das *Miqdash Me'at* (Gottes "kleines Heiligtum unter den Verbannten" [Ezechiel 11:16]) nicht als Tempelersatz, sondern als verbindende Verbindung. Es ist ein heiliges Entgegenkommen: eine der menschlichen Zerbrechlichkeit angemessene Präsenz des Bundes, eine Geste göttlicher Ausdauer, die sich den Menschen ermöglicht, ihre Schande zu überstehen, ohne die Bindung zu zerreißen.

Dieses "kleine Heiligtum" ist nicht räumlich,

sondern durch gemeinsames Auftreten definiert. JHWH, der sich aus dem verunreinigten Tempel zurückgezogen hat, überlässt sein Volk nicht sich selbst; stattdessen geht er mit ihm in reduzierter, aber bewusster Form ins Exil. Der *Miqdash Me'at* wird so zu einer liminalen Theologie des Mitleidens: während das Volk mit seiner Schuld und Verwirrung rechnet, hält Gott seine volle Präsenz nicht aus Distanz, sondern aus Barmherzigkeit zurück. Diese komprimierte Präsenz spiegelt die ethische Logik göttlichen Mitgefühls wider: nicht nachsichtige Nähe, sondern kameradschaftliches Ausharren.

Entscheidend ist, dass das *Miqdash Me'at* vor beiden Extremen schützt: es verhindert, dass die Menschen an der Vergangenheit festhalten, als hätte sich nichts geändert, und es beugt Verzweiflung vor, indem es signalisiert, dass Wiederherstellung weiterhin möglich ist. Es ist eine theologische Brücke, nicht zwischen Urteil und Vergebung im Abstrakten, sondern zwischen Zusammenbruch und Wiederaufbau, Schuld und Intimität. In der Wartezeit brauchen die Menschen keinen wiederaufgebauten Tempel; sie brauchen ein erneuertes Gefühl, dass Gott bei ihnen ist, auch wenn es eingeschränkt ist.

In der Logik Ezechiels muss das Volk der Erinnerung würdig werden, und Gott muss sich dafür entscheiden, an Orten der Zersplitterung in Erinnerung zu bleiben. Dieses gegenseitige Erinnern verwandelt ein kleines Heiligtum in eine ewige Bundeswohnung. Der *Miqdash Me'at* ist somit ein Vorbote einer Theologie der göttlichen Nähe, die nicht den Wiederaufbau von Gebäuden erfordert, sondern neu gestimmte Herzen, die durch Feuer, Schweigen und Scham gegangen sind und sich nicht nur nach Gottes Rettung, sondern auch nach Gottes Nähe sehnen.

Hamon-Gog: Geografie der Scham und Erinnerung

Ezechiel 39 stellt eine besondere Grabstätte vor: "das Tal von diese WHO passieren von, Ost von dem Meer" (39:11). Dieses Tal, Hamon-Gog, ist nicht lediglich ein Masse Grab; es ist ein räumliches Mittel theologischer Pädagogik. Seine Lage "auf dem Weg der Vorübergehenden" suggeriert öffentliche Sichtbarkeit. Die Überreste des göttlichen Gerichts werden nicht verborgen, sondern als Schauspiel bewahrt. Der Bestattungsprozess selbst erstreckt sich über sieben Monate (39,12) und erfordert gemeinschaftliche Teilnahme und ritualisiert die Erinnerung. Die Aufgabe, Knochen zu markieren (39,15), macht jeden Reisenden zu einem Teilnehmer an der Bundesverfassung Erinnerung.

Theologisch gesehen fungiert Hamon-Gog als "Scham-Ort", ein Ort, an dem die Erinnerung an vergangene Rebellion weder ausgelöscht noch verehrt, sondern im Land selbst verankert wird. Wie das Tal Achor in Josua und Hosea wird dieses Tal zu einem Grenzraum, in dem Urteil und Hoffnung zusammentreffen. Doch anders als Achor bietet Hamon-Gog keine Tür der Hoffnung. Es bleibt eine versiegelte Zone der Erinnerung. Darin nimmt es die Funktion von Ezechiels Tempel vorweg: nicht zu versöhnen Scham, sondern um zu verhindern, dass Wiederholung.

JHWH *Shammah*: Präsenz ohne Besitz

Die Stadt am Ende der Schriftrolle trägt einen neuen Namen: "JHWH *Schamma*" ("der HERR ist dort", 48:35). Doch dies ist keine Rückkehr nach Jerusalem. Der Name "Jerusalem" verschwindet aus der Vision insgesamt. Der Stadt ist nicht der alte Thron wurde wiederhergestellt, aber ein neuer Torpfosten wurde installiert. Er dient eher als Zeichen, denn als Ziel. Darin ist JHWH *Schamma* der narrative Kontrapunkt zu Hamon-Gog. Der eine markiert, was nie wiederkehren darf; der andere signalisiert, was nie wiederkehren darf vermutet.

Beide Orte dienen als theologische Endpunkte, als Grenzmarkierungen am Rande der menschlichen Erinnerung. Die Stadt ist nach ihrer Präsenz benannt, doch keine Erzählung dokumentiert göttliches Sprechen aus ihr. Die Präsenz ist nicht performativ, sondern symbolisch. Theologisch impliziert dies eine neue bundespolitische Haltung: göttliche Nähe ohne menschlichen Zugang. Anders als im Buch Exodus oder in den Büchern der Könige, wo göttliche Präsenz mit Wohnen korreliert, wird Präsenz in Ezechiels Schlussfolgerung als räumliche Grammatik neu interpretiert. Gott ist da, nicht damit wir ihn beanspruchen, sondern damit wir uns ihm nur durch wohlgeordnete Scham nähern können.

Verkörperte Erinnerung und pädagogische Zurückhaltung: Lernen und Predigen von Ezechiels letzter Vision

Sich mit Ezechiels abschließender Vision auseinanderzusetzen bedeutet, sich einer Theologie zu stellen, die Eindämmung über Höhepunkt, Grenzen über Zugehörigkeit und Erinnerung über Unmittelbarkeit stellt. Für Lehrer und Prediger gleich, das Vision ist sowohl beunruhigend als auch lehrreich.

Im Unterricht begegnen Schüler den Kapiteln 40–48 oft mit Ungeduld: die langen Ellen, die geschlossenen Tore, die stille Stadt. Doch neu interpretiert als rituelle Architektur der Prävention offenbaren diese Elemente eine andere Form theologischer Raffinesse. Der Tempel ist nicht bedeutungslos, sondern von ethischer Vorsicht durchdrungen. Eine sinnvolle Unterrichtsübung ist der Vergleich von Ezechiels Tempel mit denen aus Exodus und den Königen. Was fehlt, ist ebenso lehrreich wie das, was vorhanden ist: keine Bundeslade, kein Ephod des Hohepriesters, keine gemeinschaftlichen Feste. Die Auslassungen sind selbst architektonische Predigten.

Aus dem Winkel, heilig Raum wird ein Modus der Unterweisung. Man kann fragen: Was bedeutet es für Gott, die Heiligkeit nicht vor menschlicher Befleckung, sondern vor menschlicher Fehlerinnerung zu schützen? Ezechiel lehrt, dass das Göttliche nicht nur nahe ist, sondern auch für unsere willen.

Auf der Kanzel erfordern diese Kapitel eine kontraintuitive homiletische Haltung. Der Prediger ist nicht dazu berufen, die Geometrie zu mildern, die Stille zu vergeistigen oder jedes Tor zu entschlüsseln. Stattdessen ist er eingeladen, Präsenz ohne Besitz zu predigen, die verborgene Gewalt der Geschichte (Hamon-Gog) zu benennen und nachzuvollziehen, wie Gottes Treue kann sich eher in Distanz als in Umarmung äußern.

Man könnte sich eine Predigt mit dem Titel "der Gott, der Wartet Draußen das Tor", Zeichnung an die Bilder von JHWH *Schamma*, eine Stadt nicht eingegeben aber namens. Oder eine Meditation über "das Tal, an dem wir vorbeigehen", die zeigt, wie die göttliche Erinnerung an einem Ort haften bleibt, den wir nicht bewohnen, aber anerkennen müssen. Die Predigt aus diesen Texten handelt nicht von eschatologischer Begeisterung, sondern von ethischer Nüchternheit. Wiederherstellung wird hier nicht als Heilmittel, sondern als Verantwortung angeboten.

Dies ist eine Predigt zur Eindämmung: Sie hilft den Gemeinden, die Last der göttlichen Gegenwart mit

Ehrfurcht und nicht mit Anspruchsdenken zu tragen. In Ezechiels letzter Vision ist Hoffnung nicht einfach; sie ist anspruchsvoll. Und genau das ist ihre Gabe.

Abschluss

Ezechiels letzte Vision ist kein Traum der Vollendung, sondern ein Plan der Verhinderung. Sie schließt den Zyklus von fallen und zurückkehren von Einbettung Widerstand in die Geografie. Hamon-Gog sorgt dafür, dass der Tod in Erinnerung bleibt. Der Tempel sorgt dafür, dass die Heiligkeit geregelt wird. JHWH *Shammah* sorgt dafür, dass die Präsenz niemals privatisiert wird. Gemeinsam konstruieren sie eine Theologie von bewacht Nähe, eine Vision Wo Erinnerung Disziplinen Hoffnung und Architektur Verhaftungen Rückfall.

Das Buch von Ezechiel daher schließt nicht mit Abschluss, aber mit Eindämmung. Die Schriftrolle bleibt offen, aber ihre Zukunft ist bewacht. Was Ezechiel anbietet, ist kein herabsteigender Himmel, sondern eine Struktur, die daran erinnert, wie schnell der Himmel entweiht wird. In einer Welt des zyklischen Ruins träumt Ezechiel nicht vom Paradies, sondern von einem Heiligtum, das stark genug ist, erinnern.

Fazit zu Teil III
Erinnerung als Widerstand, Präsenz als Bedrohung

Ezechiel endet nicht mit einem Triumph, sondern mit Spannung. Seine Vision endet nicht mit einem Fest, sondern mit einer Stadt namens "JHWH ist Dort", ein Stadt NEIN eins noch bewohnt. Der der Tempel, den er beschreibt, ist nicht warm durch Gebete, sondern kalt durch Messungen. Das Land hat gewesen gereinigt, aber die Scham bleibt. An der Schwelle zur Wiederherstellung baut Ezechiel Barrieren nicht zu widerstehen Hoffnung, aber zu schützen es aus seiner eigenen Zerbrechlichkeit.

Teil III hat Ezechiels präventive Vorstellungskraft nachgezeichnet: Wo Scham vertraulich wird, wird Erinnerung ritualisiert, und göttlich Gegenwart ist gehalten bei einer Distanz. Der Körper des Propheten wird zum Vorbild einer verwundeten Theologie. Sein Publikum wird zum Schweigen gebracht, nicht um zu bestrafen, sondern um die Erinnerung zu vertiefen. Sein Gott kehrt zurück, bleibt aber hinter Toren. Bei Ezechiel ist der Preis der Wiederherstellung Wachsamkeit: die Weigerung zu vergessen, zu besitzen oder vermuten.

In diesen vier Kapiteln wurde dargelegt, dass Ezechiels größte Hoffnung nicht die Rückkehr Israels ist, sondern dass Israel nicht vergisst, warum es weggegangen ist. Und dass Israel durch die Erinnerung nahe bleiben kann – nicht durch die Berührung des Heiligen, sondern durch die Ehrung seiner Flamme.

Fazit zum Band
Ezechiels Schriftrolle, die sich immer noch entrollt
Eine Theologie, die erinnert nach vorne

Die Reise durch Ezechiels Schriftrolle, wie sie in diesem Band unternommen wird, endet nicht mit einer Lösung, aber mit Nachhall. Zu lesen Ezechiel ist es geht nicht darum, theologische Klarheit oder historische Endgültigkeit zu erreichen. Es geht darum, eine prophetische Welt zu betreten, die Brüche vollzieht, Desorientierung hervorruft und von ihren Lesern verlangt, das Ungelöste zu tragen.

Doch das ist nur ein Teil der Geschichte. Denn Ezechiel ist nicht nur ein Bericht über göttliche Zerstörung; es ist eine theologische Baustelle. Der Prophet Name Exil; er Ingenieure Strukturen zu verhindern sein Wiederauftreten. Sein Finale Vision ist nicht ein Traum von Wiederherstellung, sondern ein System der Zurückhaltung: eine ethisch-theologische Firewall. Durch Strategien der Scham, Begrenzung, Distanz und räumlichen Erinnerung, Ezechiel erfindet neu, wie Heiligkeit könnte bestehen bleiben, ohne entweiht zu werden wieder.

In Teil I verfolgten wir Ezechiels verdrängte Stimme, die inmitten von Verwerfung und Zusammenbruch auftauchte. Er ist kein glattzüngiger Bote, sondern ein zum Schweigen gebrachtes Gefäß, durch das Gottes Unterbrechung sichtbar wird. Seine Schriftrolle tut nicht überreden; es führt durch. Es Geschäfte Gericht als Liturgie, Erinnerung als Disziplin.

In Teil II untersuchten wir ausgewählte Passagen als theologische Inszenierung. Symbol und Stille, Wiederholung und Bruch, Vision und Architektur verschmelzen zu einem göttlichen Pathos, das für eine Erklärung zu flüchtig ist. Ezechiel schult seine Leser im verzögerten Verständnis und formt sie im langen Echo göttlicher Antwort.

In Teil III, wir gedreht zu die des Propheten präventive Zukunft. Die Kapitel 6–9 verlagerten den Fokus von der Exposition auf die Architektur. Hier kam der nachhaltigste Beitrag der Schriftrolle zum Vorschein: keine Theologie der Rückkehr, sondern eine Kartographie des Widerstands. Hamon-Gog, der Tempel restriktiv Design, die still Stadt namens JHWH *Shammah* sind keine Endpunkte, sondern theologische Mechanismen. Sie prägen die Erinnerung in die Landschaft ein, verankern Scham im Zugang und verweigern göttliche Nähe, nicht um zu entfremden, sondern um bewahren.

Gemeinsam weisen sie auf eine prophetische Landschaft hin, in der Präsenz und Abwesenheit, Trauma und Hoffnung, Körper und Raum in dynamischer Spannung verbleiben, eine Schriftrolle, die sich noch immer in den Händen ihrer Leser entfaltet.
Bei Ezechiel ist Wiederherstellung nicht die Lösung eines Urteils, sondern seine Fortsetzung in disziplinierter Form. Vergebung erfordert Erinnerung. Nähe erfordert Distanz. Heiligkeit, einmal befleckt, darf nur mit ehrfürchtiger Sorgfalt erreicht werden.

Was entsteht, ist kein geschlossenes Buch, sondern eine offene Spannung, eine Schriftrolle, die sich dem Schließen verweigert, weil sie sich der Amnesie verweigert. Die Adressaten der Schriftrolle – Exilanten, Überrest und Zukünftige – werden nicht nur eingeladen, wieder zu glauben, sondern sich anders zu erinnern. Ezechiels Schriftrolle ist ein liturgisches Objekt: Sie diszipliniert die Hoffnung, benennt Traumata und definiert den Zugang zu Gottes Gegenwart neu.

Dieser Band hat nicht versucht, die theologischen Brüche Ezechiels zu lösen. Stattdessen hat er sich kritisch, geduldig und konstruktiv mit ihnen auseinandergesetzt. Die Metaphern der Gewalt, die Architektur der Distanz und die Vision einer Wiederherstellung ohne Besitz verweisen alle auf eine Theologie, die die Rückkehr nicht romantisiert, sondern sie vor ihrem eigenen Zusammenbruch bewahrt.

Wir Ende, daher, nicht mit einer Zusammenfassung, aber mit einer Anklage. Ezechiel gehört nicht der Vergangenheit an. Seine Schriftrolle entrollt sich noch immer für diejenigen, die nach einem Bruch weitergehen, für diejenigen, die mit Vorsicht wieder aufbauen, für diejenigen, die mit Erinnerung anbeten.

Das Tragen der Schriftrolle Ezechiels bedeutet, sich zur theologischen Wachsamkeit zu verpflichten: die Gnade vor der Vergessenheit zu schützen, Name Scham ohne Lähmung, und zu bauen Räume (liturgische, ethische, architektonische), in denen das Heilige wohnen kann und nicht beschmutzt.

Mit dieser Schriftrolle zu gehen bedeutet, ihre ungelösten Spannungen zu ertragen: eine Präsenz, die sich der Beständigkeit entzieht, eine Erinnerung, die vor Wiederholung schützt, und eine prophetische Stimme, verkörpert inmitten von Geschichten des Bruchs. Es ist eine Schriftrolle, die sich dem Schließen widersetzt, auch wenn sie unsere Zeuge.

Die Schriftrolle ist noch offen. Lasst uns wachsam, treu und ohne Anmaßung damit umgehen.

Auswahlbibliographie

Allen, L. C. *Ezekiel 1–19*. Word Biblical Commentary 28. Dallas: Word Books, 1994.

Block, D. I. *The Book of Ezekiel, Chapters 1–24*. NICOT. Grand Rapids: Eerdmans, 1997.

————. *The Book of Ezekiel, Chapters 25–48*. NICOT. Grand Rapids: Eerdmans, 1998.

————. "In Search of Theological Meanings: Ezekiel Scholarship at the Turn of the Millennium." In *Ezekiel's Hierarchical World: Wrestling with a Tiered Reality*, edited by S. L. Cook & C. L. Patton, 227–39. SBLSymS 31. Atlanta, GA: Society of Biblical Literature, 2004.

Bodi, D. *The Book of Ezekiel and the Poem of Erra*. OBO 104; Freiburg/Schweiz: Universitätsverlag; Göttingen: Vandenhoeck & Ruprecht, 1991.

Brenner, A. *The Intercourse of Knowledge: On Gendering Desire and "Sexuality" in the Hebrew Bible*. Leiden: Brill, 1997.

Brownlee, W. H. "Ezekiel's Poetic Indictment of the Shepherds." *Harvard Theological Review* 51 (1958): 191–203.

Compton, R. A. "Spatial Possibilities for Reading Ezekiel 40–48: A Visionary and Textual Temple for a Priest in Exile." *Svensk Exegetisk Årsbok* 87 (2022): 141–64.

Cook, S. L. *Ezekiel 38–48: A New Translation with Introduction and Commentary*. AB 22B. New Haven: Yale University Press, 2022.

Darr, K. P. "The Wall Around Paradise: Ezekielian Ideas about the Future." *Vetus Testamentum* 37 (1987): 271–79.

Davis, E. F. *Swallowing the Scroll: Textuality and the Dynamics of Discernment in the Book of Ezekiel*. Louisville: Westminster John Knox, 1989.

Dijkstra, M. "The Valley of Dry Bones: Coping with the Reality of the Exile in the Book of Ezekiel." In *The Crisis of Israelite Religion: Transformation of Religious Tradition in Exilic and Post-Exilic Times*, edited by B. Becking & M. C. A. Korpel, 114–33. OTS 42. Leiden: Brill, 1999.

Dobbs-Allsopp, F. W. *Weep, O Daughter of Zion: A Study of the City-Lament Genre in the Hebrew Bible*. BibOr 44. Rome: Pontificio Istituto Biblico, 1993. Duguid, I. M. *Ezekiel*. NIVAC. Grand Rapids: Zondervan, 1999.

Duguid, I. M. *Ezekiel*. Story of God Bible Commentary. Grand Rapids: Zondervan, 2023.

Frankel, D. "'I Gave Them Laws That Are Not Good' (Ezek 20:25): Divine Deception or Human Misunderstanding?" In *Theology of the Hebrew Bible, Volume 2: Texts, Readers, and Their Worlds*, edited by S. K. Sweeney (*et al.*), 199–214. RBS 107. Atlanta: SBL Press, 2024.

Friebel, K. G. *Jeremiah's and Ezekiel's Sign-Acts: Rhetorical Nonverbal Communication*. JSOTSup 283. Sheffield: Sheffield Academic Press, 1999.

Galambush, J. *Jerusalem in the Book of Ezekiel: The City as Yahweh's Wife*. SBL Dissertation Series 130. Atlanta: Scholars Press, 1992.

Ganzel, T. *Ezekiel's Visionary Temple in Babylonian Context*. Beihefte zur Zeitschrift für die alttestamentliche Wissenschaft 525. Berlin: De Gruyter, 2021.

_____. "Ezekiel's Nonverbal Responses as Prophetic Message." *Zeitschrift für die Alttestamentliche Wissenschaft* 134 (2022): 179–92.

Greenberg, M. *Ezekiel 1–20*. AB 22. Garden City, NY: Doubleday, 1983.

_____. *Ezekiel 21–37*. AB 22A. New York: Doubleday, 1997. Hayes, E. R. & L.-S. Tiemeyer, eds. *'I Lifted My Eyes and Saw': Reading Dream and Vision Reports in the Hebrew Bible*. LHB/OTS 584. London and New York: Bloomsbury T&T Clark, 2014.

Hölscher, G. *Hesekiel: Kritisch bearbeitet*. Giessen: Töpelmann, 1924.

Joyce, P. M. *Divine Initiative and Human Response in Ezekiel*. Sheffield: JSOT Press, 1989.

Kim, S. J. "Ashamed Before the Presence of God:Shame in Ezekiel." In *Theology of the Hebrew Bible, Volume 1: Methodological Studies*, edited by M. A. Sweeney, 213–44. Atlanta: SBL Press, 2019.

_____. "Was Ezekiel a Messenger? A Manager? Or a Moving Sanctuary? A Beckettian Reading of the Book of Ezekiel in the Inquiry of the Divine Presence." In *Partners with God: Theological and Critical Readings of the Bible in Honor of Marvin A. Sweeney*, edited by S. L. Birdsong & S. Frolov, 237–50. Claremont Studies in Hebrew Bible and Septuagint 2. Claremont, CA: Claremont Press, 2017.

_____. "YHWH *Shammah*: The City as Gateway to the Presence of YHWH." *Journal for the Study of the Old Testament* 39.2 (2014): 213–30.

Lapsley, J. E. *Can These Bones Live? The Problem of the Moral Self in the Book of Ezekiel*. BZAW 301. Berlin: De Gruyter, 2000.

Lee, L. *Mapping Judah's Fate in Ezekiel's Oracles Against the Nations*. ANEM 15. Atlanta, GA: SBL Press and Centro de Estudios de Historia del Antiguo Oriente, 2016.

Levenson, J. D. *The Theology of the Program of Restoration of Ezekiel 40–48*. Missoula, MT: Scholars Press, 1976.

Liss, H. "'Describe the Temple to the House of Israel': Preliminary Remarks on the Temple Vision in the Book of Ezekiel and the Question of Fictionality in Priestly Literatures." In *Utopia and Dystopia in Prophetic Literature*, edited by E. Ben Zvi, 122–43. Publications of the Finnish Exegetical Society 92. Helsinki: The Finnish Exegetical Society; Göttingen: Vandenhoeck & Ruprecht, 2006.

Lust, J. "Exile and Diaspora: Gathering from Dispersion in Ezekiel." In *Lectures et relectures de la Bible: Festschrift P.-M. Bogaert*, edited by J.-M. Auwers & A. Wénin, 99–122. BETL 144. Leuven: Leuven University Press and Peeters, 1999.

Lyons, M. A. *From Law to Prophecy: Ezekiel's Use of the Holiness Code*. LHB/OTS 507. New York and London: T&T Clark International, 2009.

Marzouk, S. *Egypt as a Monster in the Book of Ezekiel*. Forschungen zum Alten Testament 2. Reihe 74. Tübingen: Mohr Siebeck, 2015.

Mayfield, T. "Literary Structure in Ezekiel 25: Address-ee, Formulas, and Genres." In *Partners with God: Theological and Critical Readings of the Bible in Honor of Marvin A. Sweeney*, edited by S. L. Birdsong & S. Frolov, 225–36. Claremont Studies in Hebrew Bible and Septuagint 2. Claremont, CA: Claremont Press, 2017.

Mayfield, T. D. & P. Barter, eds. *Ezekiel's Sign-Acts: Methods and Interpretation*. BZAW 562. Berlin: De Gruyter, 2025.

Mein, A. *Ezekiel and the Ethics of Exile*. Oxford: Oxford University Press, 2001.

Mein, A. & P. M. Joyce, eds. *After Ezekiel: Essays on the Reception of a Difficult Prophet.* LHB/OTS 535. New York and London: T&T Clark, 2011.

Mylonas, N. F. *Jerusalem as Contested Space in Ezekiel: A City's Transformation through the Prophetic Imagination.* LHBOTS 751. London: Bloomsbury T&T Clark, 2023.

Nevader, M. "YHWH and the Kings of Middle Earth: Royal Polemic in Ezekiel's Oracles against the Nations." In *Concerning the Nations: Essays on the Oracles Against the Nations in Isaiah, Jeremiah and Ezekiel*, edited by E. K. Holt (*et al.*), 161–78. LHB/OTS612. London andNewYork: Bloomsbury T&T Clark, 2015.

_____. "God of the Migrant: The Displacement of God in Ezekiel." In *Divine Displacement: Postcolonial Approaches to the Hebrew Bible*, edited by Samuel L. Boyd and Sarra Lev, 103–22. Sheffield: Sheffield Phoenix Press, 2022

Nihan, C. "Ezekiel and the Holiness Legislation – A Plea for Nonlinear Models." In *The Formation of the Pentateuch*, edited by J. C. Gertz (*et al.*), 1015–39. FAT 111. Tübingen: Mohr Siebeck, 2016.

_____. "Ezechiel 8 im Rahmen des Buches – Kompositions- und religionsgeschichtliche Aspekte." In *Das Buch Ezechiel: Komposition, Redaktion und Rezeption*, edited by J. C. Gertz (*et al.*), 89–124. BZAW 516. Berlin: De Gruyter, 2020.

Oded, B. "'Yet I Have Been to Them מעט למקדʾש in the Countries Where They Have Gone' (Ezekiel 11:16)." In *Sefer Moshe: The Moshe Weinfeld Jubilee Volume*, edited by C. Cohen (*et al.*), 103–14. Winona Lake, IN: Eisenbrauns, 2004.

Odell, M. S. *Ezekiel*. Smyth & Helwys Bible Commentary 16. Macon, GA: Smyth & Helwys, 2005.

_____. "Ezekiel Saw What He Said He Saw: Genres, Forms, and the Vision of Ezekiel 1." In *The Changing Face of Form Criticism for the Twenty-First Century*, edited by M. A. Sweeney & E. Ben Zvi, 162–76. Grand Rapids, MI: Eerdmans, 2003.

Odell, M. S. & J. T. Strong, eds. *The Book of Ezekiel: Theological and Anthropological Perspectives*. SBLSymS 9. Atlanta, GA: Society of Biblical Literature, 2000.

Park, Y. B. *Restoration in the Book of Ezekiel: A Text-Linguistic Analysis of Ezekiel 33–39*. ACEBT Supplement Series 11. Bergambacht: 2VM, 2013.

Patton, C. L. "Priest, Prophet, and Exile: Ezekiel as a Literary Construct." In *Ezekiel's Hierarchical World: Wrestling with a Tiered Reality*, edited by S. L. Cook & C. L. Patton, 73–89. SBLSymS 31. Atlanta, GA: Society of Biblical Literature, 2004.

Poser, R. "Verwundete Prophetie: Das Ezechielbuch als Trauma-Literatur." In *Gewaltig wie das Meer ist dein Zusammenbruch (Klgl 2,13): theologische, psychologische und literarische Zugänge der Traumaforschung*, edited by D. Erbele-Küster (*et al.*), 119–31. Hermeneutische Untersuchungen zur Theologie 89. Tübingen: Mohr Siebeck, 2022.

Renz, T. *The Rhetorical Function of the Book of Ezekiel*. VTSup 76. Leiden: Brill, 1999.

Rom-Shiloni, D. "Ezekiel as the Voice of the Exiles and Constructor of Exilic Ideology." *Hebrew Union College Annual* 76 (2005): 1–45.

Rom-Shiloni, D. & C. L. Carvalho, eds. *Ezekiel in Its Babylonian Context*. Die Welt des Orients 45.1. Göttingen: Vandenhoeck & Ruprecht, 2015.

Schwartz, B. J. "Ezekiel's Dim View of Israel's Restoration." In *The Book of Ezekiel: Theological and Anthropological Perspectives*, edited by M. S. Odell & J. T. Strong, 43–67. SBLSymS 9. Atlanta, GA: Society of Biblical Literature, 2000.

Stevenson, K. R. *The Vision of Transformation: The Territorial Rhetoric of Ezekiel 40–48*. SBLDS 154. Atlanta, GA: Scholars Press, 1996.

Stovell, B. M. "Yahweh as Shepherd-King in Ezekiel 34: A Linguistic-Literary Analysis of Metaphors of Shepherding." In *Modeling Biblical Language*, edited by S. E. Porter (*et al.*), 200–30. Linguistic Biblical Studies 13. Leiden: Brill, 2016.

Stravrakopoulou, F. "Exploring the Gardens of Uzza: Death, Burial and Ideologies of Kingship." *Biblica* 87 (2006): 1–21.

Stavrakopoulou, F. "Gog's Grave: Ezekiel 39 and Ancient Israelite Funerary Practices." *Biblical Interpretation* 15.1 (2007): 44–64.

Strine, C. A. "Ritualized Bodies in the Valley of Dry Bones (Ezekiel 37.1–14)." In *The Body in Biblical, Christian and Jewish Texts*, edited by J. E. Taylor, 41–57. LSTS 85. London and New York: Bloomsbury T&T Clark, 2014.

Strine, C. A. "The Role of Repentance in the Book of Ezekiel: A Second Chance for the Second Generation." *Journal of Theological Studies* NS 63 (2012): 467–91.

Strine, C. A. "Imitation, Subversion, and Transformation of the Mesopotamian *Mīs Pî* Ritual in the Book of Ezekiel's Depiction of Holy Space." In *Holy Places in Biblical and Extrabiblical Traditions*, edited by J. Flebbe, 65–78. BBB 179. Göttingen: V&R unipress / Bonn University Press, 2016.

Strine, C. A. (*et al.*), eds. *Dialectics of Displacement: Scriptural Approaches to Migrant Experience*. Sheffield: Sheffield Phoenix Press, 2017.

Strong, J. T. "Egypt's Shameful Death and the House of Israel's Exodus from Sheol (Ezekiel 32.17–32 and 37.1–14)." *Journal for the Study of the Old Testament* 34.4 (2010): 475–504.

Sweeney, M. A. "The Destruction of Jerusalem as Purification in Ezekiel 8–11." In *Form and Intertextuality in Prophetic and Apocalyptic Literature*, 144–55. FAT 45. Tübingen: Mohr Siebeck, 2005.

_____. "Eschatology in the Book of Ezekiel." In *Making a Difference: Essays on the Bible and Judaism in Honor of Tamara Cohn Eskenazi*, edited by D. J. A. Clines (*et al.*), 277–91. Hebrew Bible Monographs 49. Sheffield: Sheffield Phoenix Press, 2012.

_____. *Reading Ezekiel: A Literary and Theological Commentary*. Macon, GA: Smyth & Helwys, 2013.

Sweeney, S. K. "Communications of the Book of Ezekiel: From the Iron Wall to the Voice in the Air." In *The Oxford Handbook of Ezekiel*, edited by C. L. Carvalho, 312–29. Oxford: Oxford University Press, 2023.

_____. "Rattling Noises in the Dry Bone Plain: Ezekiel 37 and the Theology of Resurrection." In *Theology of the Hebrew Bible, Volume 2: Texts, Readers, and Their Worlds*, edited by S. K. Sweeney (*et al.*), 183–98. RBS 107. Atlanta: SBL Press, 2024.

Tooman, W. A. & M. A. Lyons, eds. *Transforming Visions: Transformations of Text, Tradition, and Theology in Ezekiel*. Princeton Theological Monograph Series 127. Eugene, OR: Pickwick Publications, 2010.

Tooman, W. A. & P. Barter, eds. *Ezekiel: Current Debates and Future Directions*. FAT 112. Tübingen: Mohr Siebeck, 2017.

Tuell, S. S. "The Priesthood of the 'Foreigner': Evidence of Competing Polities in Ezekiel 44:1–14 and Isaiah 56:1–8." In *Constituting the Community: Studies on the Polity of Ancient Israel in Honor of S. Dean McBride, Jr.*, edited by J. T. Strong & S. S. Tuell, 183–204. Winona Lake, IN: Eisenbrauns, 2008.

Zimmerli, W. *Ezechiel*. Biblischer Kommentar Altes Testament XIII/1–2. Neukirchen-Vluyn: Neukirchener Verlag, 1969–79.

www.ingramcontent.com/pod-product-compliance
Lightning Source LLC
La Vergne TN
LVHW051051080426
835508LV00019B/1813